Les Affects
de la
Politique

Les Affects
de la
Politique

Frédéric
Lordon

정치적 정서

프레데리크 로르동 지음
전경훈 옮김

꿈꾼문고

차례

정치, 변용의 기술   43

반란의 정념

서문

자신의 바깥에서 읽을 것

경험을 통해 독자가 드물다는 것을 충분히 알게 된다. 단어와 구절을 읽고 의미를 이해하는 것으로는 충분치 않기 때문이다. 독자를 독자로서 각인하는 성질은 '결함'을 도덕적으로 비난하기보다는 대단한 능력^{puissance}의 정념적 기제들을 분석하는 데 치중하는 이유들로 인해 우리가 흔히 볼 수 없는 성질들에서 비롯된다. 읽는다는 것은 자신의 밖으로 나가는 것이기 때문이다. 바로 여기에서 그 모든 어려움이 드러난다. 코나투스^{conatus1}가 창출하는 세계에 대한 이해가 자기중심적이고 투사적인 구축으로 이루

---

1 코나투스는 일반적으로 사물이 본디부터 가지고 있는, 자신의 존재를 유지하려는 경향이나 힘이다. 존재하고자 하는 본능적 의지나, 운동의 힘을 설명하기 위한 개념으로 주로 사용되었다. 고대로부터 사용된 개념이나, 특히 스피노자를 위시한 17세기 서양 철학자들에게 중요한 개념으로 자리 잡았다.(옮긴이)

어지는데, 어떻게 자기 밖으로 나갈 것인가? 이에 대한 답은 결코 완전하게는 자기 밖으로 나갈 수 없다는 것이다. 하지만 어느 정도는 가능하다. 그리고 그 어느 정도는 부단한 연습을 통해 달성된다. 최대치의 난점을 이해하기 위해 조금 더 멀리 가보자. 예를 들어 우리가 완전하게 지렁이의 관점에서 세계에 접근할 수는 없을 것이다. 우리는 (어떤 현동화actualisation 아래 놓인) 인간적 기질을, 한 인간의 육체의 관점을 세계에 투사하기 때문이다. 매우 일반적으로, 산다는 것은 외부 사물에 한 가지 기질의 특성을 확정적으로 투사하는 것이다. 요컨대 삶 전체는 거대한 투사 테스트에 불과하다. 그럼에도 카프카는 「굴」에서 스스로 두더지가 되는 게 가능할 만큼 멀리까지 나아간다. 우리를 두더지의 관점으로 들어가게 하는 것이다. 이건 놀라울 뿐 아니라 아연실색하게 하는 것이지만—아무튼 입증되었다시피—불가능한 일은 아니다.

이는 우리가 투사하는 것이 최종적으로 주어지는 것이 아니기 때문이다. 양태mode는 변화 가능하다고 스피노자는 설명한다. 특별히 인간 육체 조직의 복합성 같은 인간 양태는—그 유형대로, 즉 개인적 변이들은 제외하고—비할 데 없는 가소성을 부여한다. 우리가 되돌릴 수 없이 육체의 구체적 복합성 안에 갇혀 있다는 것은 분명하다. 우리의 육체는 인간의 육체다. 그러한 이유로 우리는 인간으로서 느끼도록 운명 지어져 있다. 지렁이의 세계나 두더지의 세계는 우리에게 상상조차 할 수 없는 것이다. 더구나 인간 육체의 소질은 매우 커서 '육체가 할 수 있는 것을 지금까지 아무도 측정하지 못했'[2]을 정도다. 인간 육체의 변용가능성affectabilité의 범위를 넓히는 변화가 일어날 수 있음을 우리는 분명히 알고 있다. 그리하여 우리는, 매일 자기 자신으로부터 시작함에도, 더욱더 타자로서 느낄 수 있다. 때로는 두더지의 세상을 언뜻 엿볼 수 있는 데까지 나아갈 수도 있다.

그럼 이 모든 것이 읽기와 무슨 관계가 있을 수 있을까? 완전히 직접적인 관계가 있다. 투사적 활동이라는 게 있다 해도 그건 바로 이런 것이기 때문이다. 우리는 자기 자신으로부터만 읽고, 자기 자신의 기질로부터만 읽는다. 그럼에도 우리가 읽는 것은 타자다. 자, 여기에 바로 그 '어느 정도'의 문제가 있다. 완전한 것도 아니고, 완전히 아닌 것도 아닌, 본질적으로 자기중심적인 능동적 존재의 중심에서 탈피하는 일이 가능한 정도 말이다. 그 정도가 완전하지는 않기를 바란다. 그럴 경우엔 견고한 개체성으로서의 독자는 이제 끝이라는 걸 의미할 수 있지 않겠는가? 그건 어쩌면 작품 자체의 죽음을 의미할 수도 있다. 작품이란, 수용자의 기질에 따라 그것을 변양變樣/modification하고, 증식하는 변이의 원리 아래 그것을 무한히 되살려내는 독특한 수용 방식들을 통해서만 살아 있기 때문이다. 작품에는 그로부터 크든 작든 무언가

---

2   『에티카』 3부 정리 2 주석.

를 만들어내려는 욕망을 일으키는 본래적 능력이 있다. 그 능력의 정도는 작품마다 다르지만, 아예 그런 능력이 없는 작품이란 없다. 이러한 작품의 능력에 고무된 우리의 육체-정신은 그리하여 가장 보잘것없는 졸작으로부터라도 무언가를 만들어낼 것이다. 그러므로 읽는다는 것은 타자에 의해 제공된 하나의 작품이라는 질료로부터 1인칭으로 된 2단계의 작품을 공들여 만들어내는 것이다. 그 작품이 본래의 저자에게서 벗어나서, 결국엔 읽기와 읽기의 순환들에 의해서 산출된 질서 n의 모든 변이가 통합될 정도로 잘 만들어내는 것이다. 하지만 잘 알려진 하나의 주제가 바로 여기에 있다. 단지 다시 만들어내는 작업을 주관하는 '1인칭'만이 불가피한 것은 아니다. 이 변형^{déformation}–증식^{prolifération} 과정에서 얻는 모든 유익을 보아야 하며, 물론 그 한계들도 보아야 한다.

자기 입장에서 변형하기는 매우 격려할 만한 활동이지만, 그 이전에 물론 자신의 고유한 방식들로부터 벗어나서 타인의 방식으로 들어가기 위한, 타인에게 있는 지성의 경제^{économie intellectuelle}에 들어가기 위한, 다시 말하자면 스스로 자신의 기질 밖으로 나오기 위한[3] 탈중심의 노력이 필요하다. 바로 그것이 자신의 바깥에서 읽는다는 것이다. 그건 단지 타인의 것을 읽는 것일 뿐 아니

---

3   여기서 말하는 '자신의 기질 밖으로 나온다'라는 것은 당연히 어떤 심상의 특성을 지닌다. 정의에 따르면 사람은 자신의 기질에서 벗어나지 못한다(사람은 자신에게 주어진 육체에서 벗어나지 못한다).

라, 자기 자신을 스스로 찾으려 애쓰며 읽는 것이다. 그리고 자신을 완전히 찾지 못하는 데 화를 내며 읽는 것이다. 그러하기에 필연적으로 투사적일 수밖에 없는 활동으로서의 읽기는 양가적이다. 말하자면 읽기는 작품을 그 너머로 확장하는 2차적 창조의 원칙에 속함과 동시에 타자 안에서 자신을 찾는 신비로운 탐구의 원칙을 따른다. 그러므로 여기서 문제는 모두 그 '어느 정도'에 관한 것이다. 어느 정도까지 자신의 바깥으로 나가는지, 어느 정도까지 자기중심에서 벗어나는지가 관건이다. 독자가 자신의 고정관념만 가지고서 읽기에 들어갈 때는 그 정도가 그렇게 크지 않다. 더구나 그럴 경우 자신의 고정관념을 전부 찾아내지 못해서 실망하는 데만 대부분의 시간을 써버리게 된다. '내가 아는 내용에 대해 이야기해야 했는데. 이 안엔 그런 내용이 없군.' 하지만 하나의 작품을 비판하면서 그것이 이야기하고 있지 않은 것 때문에 비판하는 것보다 더 한심한 일이 있을까? 물론 지성의 경제의 관점이 빠져 있어서 비판이 합당한 경우는 예외다. 그러나 그렇지 않은 경우라면 어떻겠는가?

정서로 이루어진 정치

이렇게 우회적으로 이야기를 시작해야 했던 것은, (자신의) 고정관념을 찾는 이들에게는 아마도 이 책에 부족한 게 많으리라는 것을, 그리고 이 책이 그런 이들 모두를 환대하기 위해 쓰인 것이 아니라는 것을 미리 설명하기 위해서였다. 이 책은 그들 안에 있는 '가장 큰 정도'의 가능성에, 자기 자신 밖으로 스스로를 내놓을 수 있는 역량^{faculté}에 호소하기 위해 쓰인 것이다. 그러니 이 책이 무엇인지 밝히기 전에 우선 이 책이 무엇이 아닌지를 이야기함으로써 본격적인 논의를 시작해보자. 이 책은 한 편의 논문도 아니고 체계적인 설명문도 아니다. 이 책에는 그 이상의 (또한 그 이하의) 철저한 목표 따위는 전혀 없다.

그러므로 이 책의 분절된 각 부분들을 연결하여 하나의 이론적 구축물을 펼쳐 보이는 것은 중요한 문제가 되지 않았다. 그러나 '그것'이 어떻게 제대로 작동하는지를 보여주는 것이 중요한 문제였다. 여기서 '그것'이란 정치다. 더 정확히는, 정서^{affect}로 이루어진 정치다. 조금 더 이야기를 하자면, 본질적으로 정념적인 환경으로서의 정치다. 이 말을 한 번 빠르게 읽고 나면 대강 비슷한 언명에 대해 빠르게 동조가 되겠지만, 그건 의심할 바 없이 결정적으로 중요한 단어인 '본질적으로^{essentiellement}'를 놓쳤기 때문일 것이다. 우리는 정치에 '정념^{passion}'이 있다는 것을 잘 알고 있다. '본질적으로'라는 말은 거기에 단지 그것만 있다는 것을 말한다. 정말로 논의가 시작되는 것은 바로 이 지점부터다. 정치에―'분명히'―'정념'이 있다면, 담론, 제안, 주장 '또한' 있고, 따라서 이성에 대한 호소도 있다는 것이 보통의 공통된 시각이기 때문이다. 이런 것들은―정확히 말해, 정념에 의해서―끊임없이 교란

되긴 하지만 말이다. 그런데 그 혼란은 정확히 정념 때문이다. 한데 여기서는 완전히 다른 것을 말하는 것이 관건이 될 것이다. 위태롭긴 하지만 여전히 이상인 이상, 즉 그 모든 공교로운 왜곡을 겪으면서도 사태의 심오한 진리를 말하는 이상, 심지어 그런 이상의 일부를 만들어내기 위해, 우리가 자신의 연약함을 인정하는 것도 개의치 않고 자발적으로^{spontanément 4} 이성적이라거나, 혹은 정념 외적인 것이라 믿는 그러한 정치의 일부에 대해서조차 실제로는 정서의 차원에서 생각해야 한다.

이런 관점은 폭발이나 분출에 대립시키면서 규범적으로 정치의 본질로 삼는 관념, 가치, 원칙, 추론 역시 정념적인 삶을 드러내는 시현이라고 말하면서, 우리가 자발적으로 하는 모든 재현을 반박한다. 행동과 사유에 관한 스피노자의 이론만이 우리가 이런 관점에 접근할 수 있게 해준다. 사실, '정서로 이루어진 정치'란 말은 사물에 관한 스피노자의 견해를 완벽하게 중복 표현한 것에 불과하다. 즉 인간-사회적 세계의 절대적으로 모든 현상이 그러하듯이 정치 역시 본질적으로 정서라는 요소 안에서 성립된다. 그러므로 '정서로 이루어진 정치'란 하나의 중복 표현이긴 하지만, 상식을 반박하는 그만큼의 의의가 있다.

---

4   '자발적^{自發的}으로'라고 번역한 spontanément은 '자신의 의지로^{volontairement}'라는 의미가 아니라, '그럴 의지나 생각 없이도 무의식적으로' 혹은 '자연스레 저절로'라는 의미로 쓰였다.(옮긴이)

정서로서의 정치에 어떻게 진입해야 할까? 개념들을 통해 진입해야 한다. 왜냐하면 개념들을 아끼지는 않을 것이기 때문이다. 하지만 증명 순서에 따른 재생성에 의하기보다는, 가능한 한 가볍고, 요구에 따라 재단된 방식의 제시하에 들어가야 한다. 개념들을 그 겉면으로, 즉 직접 그 용법을 향해 있는 전면으로 파악하면서 말이다. 대체로 그러하듯이, 편견은 그 이점들에서 나온 단점들을 가지고 있다. 우리는 가벼운 설명에서 얻은 것을 깊은 설명에서 잃곤 한다. 그런데 정념에 관한 스피노자의 이론에서 어떤 언명들은 그 언명들이 유래한 존재론적-필연적인 모든 도구로부터 잘려나가, 평범한 생리학에서 빌려 온 언명들처럼 진부하게 보이는 일도 종종 벌어진다. 더구나 피상적으로 읽을 경우 이 언명들에 대해 불완전하다거나 반론의 여지가 있다고 생각하겠지만, 현실적 위상에서 기인하는 평가의 오류와 비교했을 때 잘 식별되지 않는다고 생각할 것이다(이에 대해서는 아래에서 설명할 것이다). 스피노자주의가 상식에 대한 우리의 직관들을 늘 반박하지만 않는다면, 결국 그렇게 나쁜 것은 아닐 것이다. 무엇보다, 대체로 그 직관들을 어느 정도까지 근본적으로 뒤틀어놓는지 고려해본다면 말이다. (그리고 이런 생각에 익숙하지 않은 독자는 그에 대해 깨달을 기회를 얻을 것이다.)

그러므로 개념 다음에는 사례가 와야 한다. 개념을 볼 수 있게 해주어야 하기 때문이다. 게다가 개념은 상황 속에서 작동하고 있을 때 가장 잘 보인다. 하지만 여기서 말하는 '사례'는 진짜 사례는 아니다. 사회학이나 정치학에서 다루는 그런 사례가 아니라는 말이다. 여기서 말하는 사례란 예증을 위한 재료일 뿐이며 개념에 대한 시험대일 뿐이다. 이 시험대는 도식적이거나 원형적이거나 잘 알려져 있어서, 굳이 그 자체를 위해서 공들여 만들어낼 필요는 없는 상황들에서 차용한 것이다. 여기에서 우리는 이 작업과 그에 앞섰던 작업들이 유래한 실제 의도를 의심의 여지 없이 읽는다. 그 의도란, 이 경우에는 스피노자의 사회과학이나 스피노자의 응용철학 같은 무언가를 구축해내기 위해 철학과 사회과학의 가능한 접점에서 일하는 법을 알고자 하는 것이다. 하지만 어쩌면 우리는 여기에서 암시를 많이 얻을 것이다. 다시 말하자면, '그것'이 어떻게 작동하는지 볼 수 있게 해주는 것이 중요하기 때문이다. 정치로 이루어진 정서, 정서로 이루어진 정치 말이다. 그런데 거기에 다다르기 위해서는, 그리고 어쩌면 더 심각한 실제적 작업으로 넘어가려는 욕구, 다시 말해 사회과학 기준에 걸맞은 어느 정도의 공들인 작업으로 넘어가려는 욕구를 주기 위해서도 아주 단순한 상기만으로 충분하다. 그러므로 원한다면, 이 책은 욕구를 돋우려는 의도에서 나온 것이라고 말할 수도 있겠다. 개념들을 제시하되 '가볍게' 제시할 것. 체계적이기보다 광시곡 같은 설명의 방편을 일부러 택할 것. 개념들이 실제 상황에서 어떤 명료한 새로운 효과를 산출하는지 보여주기 위해, 전형적이긴 하되 실제 상황을 잘 연결시킬 수 있을 법한 견본 상황들을 개괄적으로 묘사할 것. 그리고 그렇게 해서, 경우에 따라서는 쓸모 있게 쓰이고자 하는 욕망을 낳을 것. 몇몇 자발적으로 습득된 선입견이나 고정관념의 철저한 만족과는 정반대로, 결핍이 미덕이 될 수도 있을 것이다. 정확히는 결핍을 가득 채우려는 욕구를 부여한다는 점에서 그러하다. 여기에선 정치적 삶의 정념적인 몇몇 기제만이 서로 대비되는 두 가지 대역^{帶域/registre}, 말하자면 평범한 시간과 반란의 시간이라는 두 대역에서 거론된다. 그런데 이 반란의 시간이란 대역은, 결정론적 구조주의가 재개된 역사의 질서를 따르는 모든 것에 원칙적으로 접근할 수 없으리라는 잘못된 생각을 해체하는 데 특별히 유용하다. 반대로, 정념의 구조주의[5]는 폭동이나 반란, 혹은 더욱 일반적으로 말하자면 제도적 형태들의 위기에 관해서 아주 소중한 통찰들을 제공한다. 그 중에서 특히 정념의 고유한 속성이란 곧 동력을 발생시키는 것이라는 통찰이다. 우리는 읽기에 대해, 잊혔지만 이야기'했어야 할' 백 가지 정치적 상황이나 현상, 사건에 대해 생각하게 될까? 그렇다면 훨씬 더 좋을 것이다. 그것은 결핍된 모든 것을 위해 관념들을 제시하기에 이미 충분할 만큼 많은 이야기가 되었음을 의미할 것이기 때문이다.

---

5   프레데리크 로르동, 『정서의 사회. 정념의 구조주의를 위하여^{La Société des affects. Pour un structuralisme des passions}』, 파리, 쇠유^{Seuil}, '철학적 질서^{L'ordre philosophique}' 시리즈, 2013.

정서, 관념, 인게니움[6]

'감정'이 아니라 정서
─정념의 인간 호모 파시오날리스 homo passionalis

정서는 사회문제 le social[7] 의 소재이기도 하다. 더욱 특별하게는 정치적인 것의 소재다. 이는 양가적인 반응을 불러일으키기 좋은 언명이다. 이 언명은 우선 자발적 동의를 얻을 수 있더라도─누가 정치 영역에서 정념적 격분을 보지 못할까?─곧 재론과 항의의 대상이 된다. 가장 높은 관념 속에 있는 정치란 추론과 원칙과

---

6   인게니움 ingenium 은 원래 개체가 지닌 본래적 성질이나 성향을 의미하거나, 그 가운데서도 어떤 탁월한 능력을 가리켰다. 스피노자는 세계를 형성하는 구체적인 개체-주체를 설명할 때 인게니움이라는 개념을 사용한다. 즉 고유한 본성을 지닌 복합체로서 개체가 다른 개체들과의 관계 속에서 변용되어 갖게 되는 고유함이다. 역학을 바탕으로 자연과학이 발달하기 시작한 17세기 유럽의 다른 철학자들 또한 비슷한 맥락에서 인게니움이라는 개념을 사용하고 있다.(옮긴이)

7   프랑스어에서 명사로 쓰인 social은 사회문제 제반 혹은 사회법과 관련된 사안 전체를 가리키는 용어로 사용된다.(옮긴이)

가치에 관한 문제가 아니던가? 즉 소통적인 정치의 이상을 어그러뜨리는 정서의 폭발만은 아니지 않던가?

이 시대는 의심의 여지 없이 정서라는 주제에 새로이 관심을 쏟을 준비가 되어 있다.[8] 그렇긴 하지만 이 시대는 그에 대한 자발적 이해를 멈춘 적이 없고, 그러한 이해는 이제까지 정서라는 어휘의 일반화된 용법들을 통해 뚜렷이 드러난다. 즉 정서란 단지 인간 행동의 감정적 부분에 지나지 않으며, 이성적이고 소통적인 부분을 사용하여 정서를 제어해야 한다는 것이다. '그건 정서적(감정적)이야'라든가 '그 사람은 너무 정서(감정)에 빠져 있어'라는 말이 아마도 정서에 대한 오늘날의 관점을 가장 잘 요약한 표현들일 것이다. 정서란 '인간 본성'의 소여所與이긴 하지만 유감스러운 왜곡이기도 하므로, 이상적으로는 정서를 줄이기 위해 애써야 한다는 것이다.

그러나 스피노자가 이야기하는 정서란 우리의 '감정'과는 완전히 다른 것이다. 그리고 과시적인 태도로 (다른 이들에게 있는) '감정적인' 나쁜 부분을 통탄하는 합리주의적 위선의 그릇된 타당성 때문에 정서의 관점에서 접근할 길이 열리지 못하고 있다. 스피노자에게 정서란 한 가지 능력을 발휘하는 데 뒤따르는 효과를 이르는 가장 일반적인 명사다. 하나의 사물이 자신의 능력을

---

8   감정이라는 주제에 관해 이를테면 사회과학이나 철학에서 이루어진 최근의 학문적 자산이 이를 증명한다.

다른 사물을 향해 발휘하면 이 다른 사물은 변양된다^{modifié}. 정서란 이러한 변양을 가리키는 이름이다. 바람이 불면 나뭇가지가 휜다. 나뭇가지가 바람의 변용을 받아^{affecté} 변양된 것이다. 한 사람이 다른 사람에게 말을 하면 말을 들은 사람은 화가 나기도 하고 유쾌하게 몽상에 잠기기도 한다. 그 사람은 (전자에선 슬프게, 후자에선 기쁘게) 변양된 것이다. 정서란 능력의 일반적 문법의 핵심 개념이다. 가장 응축된 능력의 공식은 아마도 스피노자의 『에티카』 1부를 마감하는 정리^{定理}에서 제시되는 것 같다. '그 본성으로부터 어떠한 결과가 뒤따라 일어나지 않는 것은 존재하지 않는다.'[9] 모든 사물은 본질적으로 능력, 즉 결과를 산출하는 능력이다. 필연적으로 발휘되는 능력, 다시 말해 필연적으로 결과를 산출할 수밖에 없는 능력이다.

우주 만물 가운데 인간은 결과를 산출하는 주지의 주체다. 인간은 다른 사물을, 특히 자신과 비슷한 사물을 변용한다. 인간이 사회 안에서 살아가기 때문이긴 하지만, 인간의 상호변용은 (사회적 관계나 제도적 형식 등을 통하여) 체계적으로 매개된다. 스피노자는 인간 역시 자연의 공통된 질서의 한 부분이라고 말하는데—'제국 속의 제국 같은'[10] 것은 아니지만—그 질서 속에서 정서란 원인과 결과의 연쇄, 즉 보편적 인과성의 작동을 응축하는 이름

---

9   『에티카』 1부 정리 36.

10   『에티카』 3부 서론.

이다. 지금 우리가 하는 논의가 '감정'에 대한 일반적인 담론과는 얼마나 거리가 먼 것인지 얼핏 살펴보기에는 이것으로 충분하지 않겠는가?

우리는 사물을 다른 방식으로 다룰 수도 있다. 인간은 (또 한 편으로는 각각의 사물이 그러하듯이[11]) 코나투스다. 코나투스는 능력을 말한다. 그것은 활동의 충동으로서의 능력이며, 세계 안에서 결과를 산출하는 한 권력의 투사로서의 능력이다. 코나투스 '그 자체'는 순수한 노력이며, 그러하기에 총칭적이며 자동적이다. 다시 말해, 코나투스는 무엇을 해야 할지, 어디를 향해야 할지 찾지 않는다. 스피노자가 우리에게 제시하는 코나투스의 구체적인 방향들, 코나투스가 특별히 추구하는 것들의 의미는 필연적으로 코나투스의 바깥에서 올 것이다. 즉 코나투스에게 고유의 능력을 발휘함으로써 코나투스를 변용할 것이며, 그리하여 이것저것을 하려는 욕망으로서의 코나투스를 결정할 외부 사물들과의 만남에서 올 것이다. 이것이 바로 우리에게 정서의 첫 번째 정의를 알려준다. '우리가 본질을 그 자체의 어떤 변용 때문에 무언가를 하기로 결정된 것으로 생각하는 한, 욕망은 인간의 본질 그 자체다.'[12] 엄밀하게 말하자면 약간 모호하긴 하지만, 그럼에도 이 공

---

11   '각각의 사물은, 자신의 능력이 미치는 한, 자신의 존재를 지속하려고 노력한다.'(『에티카』 3부 정리 6. 강조 표시는 내가 한 것)

12   『에티카』 3부 정서의 정의 1.

식은 이해해야 할 것을 말해준다. 코나투스의 총칭적이고, 그 자체로, 자동적인 충동이 ─ '무언가를 하려는' ─ 욕망으로서의 자신의 결정을 발견하는 것은 오직 외부 사물에 의한 '어떤 변용'의 영향을 받았을 때뿐이다. 이론의 여지가 있긴 하지만, 어쩌면 생생하고 명확한 방식으로 말을 하자면, 보통 말하는 코나투스는 유예 중인, 다시 말해 구체화되기를, 타동적으로 되기를 기다리는 총칭적 충동과 같다. 코나투스는 오직 만남의 변용에서 비롯한 결과에 의해서만 그런 유예 상태에서 벗어나게 된다. 그런 만남의 변용을 통해 코나투스는 특유한 것으로 결정되어, 정의된 욕망의 형태를 부여받는다[사실 이론의 여지가 있는 공식이다. 코나투스가 늘 이미 변용을 받고 있다고 해도, 그리고 '유예 중인 코나투스'라는 관념이 (스피노자라면 관념의 존재$^{\text{être de raison}}$13라고 했을) 이론적 허구일 뿐이라 해도, 인간 양태는 늘 다른 양태들과 상호변용 중에 있기 때문이다]. 따라서 행동하려는 욕망이 먼저 있지 않았다면 행동은 없으며, 이 특별한 욕망의 부류 아래 들어오게끔 코나투스를 (재)결정짓는 변용이 선행하지 않았다면 그러한 욕망은 없다. 인간이 정념적 조건 속에 산다는 말은 인간이 정서적^{affective} 인과성의 제국 아래 산다는 말 이외의 다른 의미를 갖지 않는다. 인간^{homo}은 본질적으로 정념적^{passionalis}이다. 인간은 그렇게

---

13   스피노자가 말하는 '관념의 존재'는 실제로는 존재하지 않고 사유 속에만 존재하는
      것을 말한다.(옮긴이)

결정되지 않고는 아무것도 하지 않는다. 다시 말해, 그것을 하기를 욕망하도록 결정되지 않고는 그것을 하지 않는다. 그리고 그러한 결정은 인간 안에서 정서에 의해, 그리고 그 뒤에 이어지는 능동적 충동의 새로운 방향들에 의해 작동했다. 정서를 통해 정치를 이해하는 것은 바로 거기에서 출발한다.

정서와 '관념'

하지만 우선 '관념의' 반론에 완전하게 응답해야만 한다. 사실, 스피노자에게서 육체와 정신의 근본적인 단일성을 상기하면서, 변양으로서의 정서라는 것이 육체의 행동 능력의 변이인 동시에 정신의 사유 능력의 변이이기도 하다는 것을 깨닫는다면, 관념의 반론은 스스로 무너진다. 하나의 정서는 필연적으로 관념들을 산출하는데, 육체에서 입증된 관념으로부터 시작한다. '정서란, 육체의 행동 능력을 증대시키거나 감소시키며, 촉진하거나 억제하는 육체의 변용인 동시에 그러한 변용의 관념이라고 나는 이해한다.'(『에티카』 3부 정의 3. 강조 표시는 내가 한 것) 그러나 이러한 변용의 관념은 홀로 머물지 않을 것이다. 개인은 자기 기질의 습관을 따라 그 관념들을 자발적으로 연결하고 '따라서 각자는 사물의 심상을 결합하고 연결하는 데 익숙해진 자기 습관의 방식을 따라 하나의 사유에서 다른 사유로 옮겨 갈 것이다'(『에티카』 2부 정리 18 주석). 그러므로 관념작용idéation은 능력과 정서의 질서에도 전혀 이질적이지 않으며, 오히려 충만한 권리의 시현들 가운데 하나이다. 이는 단순히 정신조차도 자기 질서 속에 있는 능력, 즉 사유의 능력이기 때문이다. 사실, 능력을 표현하는 몇 가지 종류의 질서가 있고—스피노자는 이들을 가리켜 속성들(실체의 속성들)이라 부른다—코나투스는 정신의 사유 능력(사유의 속성)에서만큼 육체의 행동 능력(연장의 속성)에서도 굴절된다. 가장 일반적인 의미의 정서란, 보다 우월한 역량들의 '감정적 동요'가 전혀 아니다. 육체가 자신의 질서 안에서 그러하듯이, 정신이 '운동하고'[14] 사유하게 하는 것, 그것이 바로 정서다.

여기서 좀 더 나아가야 한다. 정서가 동반되지 않고도, 더 정확히 말하자면 정서에 연결되지 않고도 우리 안에서 '활동하는' 것은 관념이 아니다. 관념이 우리에게 효과를 발휘한다는 것이 아니라면, 여기서 '활동하는'[15]이란 말이 의미하는 바는 무엇일까? '정서'는 산출된 결과의 가장 일반적인 명칭이니만큼, 우리를 변용하지 않는 방식으로 어떻게 관념이 효과를 발휘할 수 있을까? 그런데 '관념'을 정확히 무엇이라 이해해야 할까? 스피노자가 말하는 관념은 오늘날 우리가 사용하는 관념이라는 말의 의미와 같을까? 사실 그렇지 않다. 스피노자는 관념을 진지하게 여

---

14   물론 이것은 심상을 사용한 표현이다. 엄밀히 '운동'과 '정지'는 연장의 속성에서만, 즉 오직 육체에 대해서만 의미를 갖는 범주이기 때문이다.

15   따옴표를 한 것은 스피노자가 말하는 활동*activité*이라는 정확한 개념과 관련이 없기 때문이다.

기기 때문이다. 다시 말해, 그는 관념을 순수하게 관념적인 본성 안에서 고려한다. 그런데 관념들은 순수하게 관념적인 것으로 고려되는 한 근본적으로 육체의 질서에 이질적이며, 그 자체로는 육체에 아무런 효과도 발휘할 수 없을 것이다. 스피노자가 상기시켜주듯이, 현실의 개와 달리 개의 관념은 죽지 않는다. 그럼에도 우리는 개의 관념이 우리에게 두려움을 불러일으킬 수 있다고, 그래서 우리를 잽싸게 달아나게 만들 수 있다고 말할 것이다. 하지만 스피노자라면 이렇게 답할 것이다. 그렇게 하는 것은 개의 관념이 아니라, 개의 심상이라고. 심상은 육체에 의해 지각되며, 육체가 무언가를 하도록 결정할 수 있다. 바로 그 순간이 최초의 불협화不協和의 순간, 근본적으로 반反데카르트적인 순간이다. 스피노자에게는 오직 내부-속성적인 인과성만이 존재한다. 즉 오직 연장의 양태만이 다른 연장의 양태들이 무언가를 하도록 결정지을 수 있으며, 사유의 양태에서 연장의 양태로는 (아니면 그 반대로도) 어떠한 인과관계도 가능하지 않다. 스피노자는 '육체가 정신이 사유하도록 결정할 수 없으며, 정신이 육체가 운동하거나 정지하도록 결정할 수 없다'고 『에티카』 3부 정리 2에서 논증한다.[16] 그러므로 (개의 관념이 아니라) 오직 개의 심상만이 우리

---

16 정신이 육체에 운동을 명령한다는 데카르트적 도식이 근원적으로 문제가 되지 않는 것은 우리가 그러한 도식을 완벽한 습관으로 받아들였기 때문이 아니다. 관념은 그 본성상 전적으로 육체에 이질적임에도, 육체에 효과를 발휘할 수 있는 관념이라는 이 낯선 것을 생각하는 데까지 나아가야 하기 때문이다. 알다시피, 이 까다로운 문제에

의 몸이 움직이도록 결정할 수 있다. 이때 심상은 우리가 우리의 독특한 기질에 의해 이 심상을 다른 심상들에 연결한 특수한 방식을 따르며(『에티카』 2부 정리 18 주석), 이 연결은 우리 각자가 특수한 운동을 하도록 결정하는 의미작용[17]의 집합들 안에서 이루어진다. 이를테면 이전에 개의 심상이 송곳니와 물린 자국의 심상에 연결된 이들은 개에게서 달아나게 하고, 개의 심상이 가정생활의 보조적인 동반자의 심상에 연결된 이들은 개를 쓰다듬게 하는 것이다. 그리고 이 모든 심상은 육체에 새겨진다. 자발적 재현과 달리, 표상은 엄밀한 의미에서 고유한 심적 활동이 아니라, 육체의 한 가지 성향이다. 물론 사물의 심상이 우리에게 올 때는 반드시 심상의 심적 상관물인 관념을 동반한다. 하지만 심상과 관념은 서로 별개로 구분된 채로 남는다.

스피노자가 말하길, 이것이 바로 관념 자체로서의 관념이 우리의 육체에 어떤 효과를 산출하는 데 무능한 까닭이다. 논설가, 전문가, 정치인, 대학교수같이 세계를 자신의 특수한 입장에서 보는 경향이 있는 소소한 지식인 산출자들은 '관념이 세계를 이끈다'고 믿는 경향이 있다. 그 뒤에는 훤히 들여다보이는 도식

대한 데카르트의 해법, 즉 사유의 정신과 연장의 육체를 있을 법하지 않은 송과선松果腺으로 연결한 것은 결국 그것을 고안한 자기 자신에게도 완전히 모순되는 것으로 드러남으로써 끝을 맺었다.

17   의미작용signification은 언어에서 기표signifiant(음소)와 기의signifié(의미)가 결합되어 기호signe(어휘)가 되는 작용을 말한다.(옮긴이)

적 논법의 저의가 숨어 있다. 즉 관념이 세계를 이끈다면, 그리고 우리가 관념의 산출자라면, 우리가 세계를 이끈다는 것이다……. 하지만 적어도 관념을 엄밀하게 고려한다면, 다시 말해 순수하게 관념적인 내용으로서 그 자체로는 육체에 아무런 힘을 가할 수 없는 것으로[18] 관념을 간주한다면, 그 지식인 산출자들은 스스로 착각하고 있다는 걸 알게 될 것이다. 그러므로 이렇게 이해해야 한다. 우리는—오늘날의 표현에서 그렇게 말하듯이—'한 관념의 영향 아래' 무언가를 할 때, 우리가 하는 바로 그것을 통해 우리 육체가 움직인다는 것을 이해해야 한다. 이를테면 하나의 정치적 '관념'이 우리를 분노하게 했다면, 혹은 동원했다면(동원하다mobiliser란 말은 여기서 완벽할 만큼 적절하다) 우리는 더욱 동요되고, 우리의 긴장은 고조되고, 우리는 입으로 (정치적인 어구들을) 소리 내어 말하고, (토론을 하고) 결국엔 도로를 점령하거나 집회에 나갈 것이다. 그러므로 우리가 '관념'이라 부르는 것이 우리로 하여금 그 비슷한 것을 하도록 만든다면, 그건 관념이 오로지 순수하게 관념적인 내용으로 우리에게 도달한 것이 아니라, 정서가 동반된 것이다. 더구나 우리는 그것을 직접적인 인식을 통해 알고 있다. 우리에게 도달하는 어떤 관념은 우리를 냉철하게 만든다.

---

18   사실 관념은 전혀 힘이 없는 것은 아니다. 순수한 관념으로서도 하나의 능력을 지니고 있긴 하지만 관념의 고유한 질서 안에서 그 능력을 지닌다. 그 질서는 사유의 속성의 질서인데, 사유의 속성은 육체의 속성이자 육체 상호 간의 인과성의 속성인 연장의 속성과는 구별된다.

하지만 우리가 무언가를 하도록 만드는 관념과 우리가 아무것도 하지 않게 만드는 관념의 차이가 결국 정서의 동반 여부가 아니라면 무엇이겠는가? 즉, 우리가 무언가를 하도록 만드는 관념은 정서를 동반하고, 우리가 아무것도 하지 않게 만드는 관념은 정서를 동반하지 않는다. 하나의 관념이 '우리를 엄습한다'라고 말할 때는 바로 심상이 우리에게 적중하여 우리가 어떠한 방식으로 움직이도록 결정하는 필연성을 방출한 것이다. 그러한 엄습은 정념적이다. 그러므로 무언가가 세계를 이끈다면, 그것은 관념 그 자체가 아니다. 그건 관념을 운반하는 정서와 함께 관념이 형성하는 복합체다.

어떤 관념이 누구를 변용하는가?―인게니움의 굴절

물론 이와 같이 관념-정서로서 재고되는 모든 관념들이 지닌 능력은 모두를 똑같이 변용할 수는 없다. 하나의 사물은 오직 변용 가능한 기질을 만나는 조건에서만 변용하는 능력을 갖는다. 스피노자는 우리의 변용가능성 전체를 인게니움이라는 이름 아래 요약한다. 동어반복적으로 말하자면―하지만 무언가 의미가 있는 동어반복으로 말하자면―수학자는 수학적 관념에 의해 변용되는데, 때로는 과도한 흥분 상태에 이를 정도로 변용되지만 다른 사람들은 모두 그 수학적 관념에 완전히 무관심하다. 그들의 기질에는 수학에 대한 자극반응성이 없는 것이다. 마찬가지로

'서로 다른 사람들이 하나이며 동일한 대상에 의하여 다른 방식으로 변용될 수 있고, 하나이며 동일한 사람이 하나이며 동일한 대상에 의하여 다른 순간에 다른 방식으로 변용될 수 있다'(『에티카』 3부 정리 51). 사람들의 인게니움은 제각기 다르며, 각 사람의 인게니움 역시 시간의 흐름에 따라 달라지기 때문이다. 우리 각자의 변용가능성은 서로 다를 뿐 아니라 그 자체가 변화한다.

인게니움은 또한 지속되는 주름pli19을 우리에게 남겨놓은 우리의 모든 사회-생물학적 궤적의 요약이기도 하다. 이 지속되는 주름이란 ─ 연이은 변용과 만남의 흐름을 따라 ─ 원칙적으로는 언제나 변화 가능하긴 하지만, 우리에게 남겨진 자국이다. 이 자국들이 우리의 방식, 즉 느끼고 판단하고 생각하는 방식을 형성했다. 내가 무엇에 노출되었고, 그래서 나는 어떤 주름을 간직했던가? 어떤 만남이, 어떤 상황이, 어떤 사건이 나의 실존에 두드러진 자국이 되었나? 다시 말해, 말 그대로, 내 안에 하나의 흔적, 지속적인 성향을 남겨두었나? 나의 인게니움, 그것이 곧 나다. 하지만 그건 본질의 어떠한 특성도 갖지 않는 하나의 나, 전혀 고정되지 않고 늘 유동적이며 감응적이고, 조건에 따라, 즉 만남과 변용에 따라 옮겨 갈 수 있으며…… 혹은 단단해질 수도 있는 하나의 나이다. 나는 무엇을 감각할 수 있는가? 무엇이 나를 어

---

19   저자는 버릇이나 습관을 나타내는 단어로 들뢰즈적 용어인 주름을 주로 사용한다. 이 책의 후반부에서 여러 차례 언급하는 흔적trace과 상호 연관된다.(옮긴이)

떠한 강도로, 어떠한 의미에서 전율하게 하는가? 인게니움은 무엇이 나를 어떻게 변용하는지 알고자 하는 물음에 대한 여러 가지 답을 종합하여 제시한다. 무엇이 나에게 페르마의 정리에 대한 증명을 알려주는가? 무언가가 있는가, 아니면 아무것도 없는가? 무엇이 나에게 위급한 상황을 연출하는가? 안전의 감소인가, 아니면 극도의 의심인가? 각각의 물음에 대한 답은 사물의 본성과 내 인게니움의 주름이 만나는 접점에 새겨져 있다. (내게서 돈을 가져가는 것이든, 재분배의 정치에 대해 내가 품고 있는 관념에 상응하는 것이든) 세금에 의해 내가 슬프게 혹은 기쁘게 변용된다면, 그렇게 말할 수 있는 것은 세금 때문만이 아니라, 나의 기질 때문이다. 세제税制의 변용이 나의 기질을 통하여 굴절되어 이런 정서 혹은 저런 정서로 결정하게 되는 것이다.

인게니움에는 정치적인 부분이 있다. 인게니움은 우리가 지닌 방식들을 요약하면서 우리의 판단 방식 또한 포함하고 있기 때문이며, 정치는 영구적인 판단의 문제이기 때문이다. 하지만 인게니움이 지닌 정치적인 부분의 외연은 어떠하며, 그 특유의 형상은 어떠한가? 그것을 말해주는 것은 우리의 생물학적 궤적이다. 사회적 궤적인 우리의 생물학적 궤적 말이다. 사회학, 특히 부르디외의 사회학은 남성과 여성 사이의 불평등, 사회집단 사이의 불평등 등등, 정치에 관해서 판단하고 말하는 합법성의 감성이 불평등하게 분배되어 있음을 보여주었다. 이들은 사회적인 불평등이긴 하지만, 특수한 결정들에 의해 복잡해진 불평등이다. 사실, 우리에게 자국을 남기는 변용들 가운데 많은 변용들이 우리가 속한 사회집단에서 공유되지만, 다른 어떤 특정한 변용들은 오직 우리만의 변용이 된다. 우리의 사회적 상황 밖에서, 어떤 만남들은 단지 우리에게만 속해 있어, 지나치게 단순한 사회학에선 예측하지 못할 것들을 우리가 하도록 만들 정도다. 우리의 인게니움은 그 자체의 고유한 무게를 각각의 것들에게 실어주면서 모든 것들을 종합한다. 무엇이 공통된 주름들과 특수한 주름들을 가져왔는지 우리는 알지만, 늘 사후에야 알게 된다. 우리는 특수한 주름들이 단지 공통된 주름들의 부차적 변조였는지, 아니면 샹탈 자케가 계급종단자[transclasse20]라고 부르는 자의 분기分岐/bifurcation를 산출하기 위하여 특수한 주름들이 공통된 주름들을 뒤집은 것인지 알고 있다.

　이와 같이 정치적 인게니움은 여러 변용가능성과 여러 방식이 복합되어 형성된다. 이는 각자에 대해서 무엇이 그를 전율하게 하는지, 그리고 그가 거기에 어떻게 반응하는지, 즉 그가 어떤 욕망과 어떤 운동을 뒤따르는지, 또한 어떤 관념을 따르는지를 말해준다. 왜냐하면 육체가 그 정서를 기입하는 동시에 정신이 그

20　그 이름에서 이해되는 대로, 계급종단자란 사회적 재생산의 (통계적) 일반 법칙들에 예외를 만들어내고, 본래 계급에서 빠져나와 다른 계급에 합류하는 데 성공하는 개인이다. 다음을 보라. 샹탈 자케Chantal Jaquet, 『계급종단자들 또는 비非재생산Les Transclasses ou la non-reproduction』, 파리, PUF, 2014.

관념을 산출하는데, 우선은 변용 자체의 즉각적인 관념을(나는 기쁘다, 내 정신은 이 기쁨의 관념을 갖는다), 그다음에는 인게니움의 작동의 결과로 나오는 관념을 산출하기 때문이다. 정신은 인게니움 안에 사유의 방식을 입력한다. 다시 말해 특정한 배열과 특정한 습관을 따라 그 관념들을 특정한 방향으로 연결하는 방식을 입력하는 것이다. 스피노자가 말하길, 땅에 있는 말 발자국을 본(변용) 병사는 병사의 습관에 따라 심상과 관념을 연결한다. 그는 말의 관념에서 기사의 관념으로 넘어가며, 다음에는 기사의 관념에서 전투의 관념으로 넘어간다. 하지만 농부는 같은 말 발자국을 보고 말의 관념에서 논밭의 관념으로, 다음에는 파종의 관념으로 이어간다(『에티카』 2부 정리 18 주석). 마찬가지로 정치적 인게니움은 자신의 자동연결기제^{automatisme concaténateur}의 경향을 따른다. 그러므로 각자는 동일한 변용의 결과로(이러저러한 사건, 선언), 자기 기질의 습관을 따라 관념들을 연결한다. 하나의 동일한 사물이 어떤 이들은 만족하게 하고, 다른 이들은 분노하게 한다. 혹은 완전히 반대되는 이유로 그들을 화나게 만들기도 하고, 혹은 그들을 무관심하게 만들어 감쪽같이 사라지게 만들기도 한다. 정치적 변용가능성 그 자체는—정치적인 것에 의해 변용될 수 있다는 단순한 사실은—다른 변용가능성보다 인게니움의 육체적 구조화의 논리에서 더 많이 벗어나지 않는다. 우리가 '의식화된' 상태라고 부르는 그 상태는 우리가 그것을 재현하는 것과는 반대로, 주권적 정신의 의지적 분발의 효과가 아니라, 육체 안에 새겨진, 육체가 간직한 변용들의 효과다. 즉 그 용어의 모든 의미에서 특별히 두드러진다고 할 만한 변용들의 결과로 주름 잡힌 육체의 어떤 특정한 성향에서 비롯한 효과다. '의식화된다'는 것은 정치적으로 잡아당겨진, 즉 이러저러한 정치적 변용에 따라 튀어 오를 수 있는, 육체의 용수철 같은 반응성 동력을 배치하는 것이다. '의식화'란 합체된 정치politique incorporée다.

(하나이며 동일한 사물을) 설명한다는 것 혹은 이해한다는 것?

아마도 이제 우리는 단순한 '감정'의 관점이나, 소통적 합리성의 감정적 왜곡의 관점보다는 정서의 관점 안에 더 많은 유익이 있으리라는 것을 더 잘 이해하게 되었을 것이다. 왜냐하면 정서란, 한 사물에 의해 다른 사물에게 산출된 결과에 대한 가장 일반적인 명칭으로서, 육체의 행동 능력의 변이, 이러저러한 일을 행하는 반응적 욕망, 변용에 의해 전수된 관념의 연결, 판단 즉 사물이 좋은지 나쁜지에 대한 가치평가를 동시에 내포하며, 이러한 산물은 모두 그 습관을 구성하는 합체된 성향을 따라 인게니움을 통하여, 사건이나 외부적 만남의 굴절에 의해 작동되기 때문이다. 육체적 운동의 질서와 마찬가지로 의미의 질서 또한 능력과 정서의 일반적 문법 안에 포함된 것으로 생각된다. 관념과 판단 또한 욕망만큼이나 그 안에 속해 있으며, 이 모두는 변용하는

34

것의 능력과 변용되는 것의 능력이 분절되는 데서 발생한다. 여기서 개인은, 변용하는 것에 의해 자극된 고유의 기질을 따라, 그리고 뒤이어지는 정서를 따라, 경험하고 판단하고 사유하고 욕망하고 행동한다.

관념, 원칙, 가치처럼 고유하게 '정신'에 속한 것이기 때문에 정치의 '우월한 본질'이라 여겨지는 이 모든 것들은 그러므로 정서와 능력의 질서에서 벗어나 있지 않다. 이것들은 정서와 능력의 질서를 드러내는 시현이다.[21] 그리고 '설명'(원인에 의한)과 '이해'(의미에 의한)의 대립을 그저 형식적으로 반복하면서 그에 대해 더 이상 생각하지도 않는 딜타이의 토포스[lopos22]는 스스로 무너진다. 토포스에 따르면 개체는 사과를 위에서 아래로 떨어지게 만드는 현상적 인과성에만 응답한다. 우주 만물 가운데 인간의 독특한 존엄성은 바로 의미의 존재라는 것이다. 인간은 장작이나 타이어가 아니다. 인간은 사유한다. 그것이 바로 구원받을 인간의 위대함이다……. 이 문제에 대한 스피노자의 입장은 이중적이다. 한편으로 스피노자가 취하는 입장은 엄격하게 수평적인 존재

---

21 다시 말하자면, 우리가 이것들을 순수하게 관념적인 내용으로 여기더라도, 관념은 이 경우에 사유의 속성 아래 있는, 능력의 일반적 질서에 계속 속한다. 사유의 속성은 생각하는 능력인 정신을 한데 모으는 것이며, 정신에서 비롯되는 결과가 관념이다.

22 장소나 위치를 뜻하는 그리스어 토포스는 인문학에서 주로 논거를 발견하기 위한 장소를 뜻하는 개념으로, 어떤 이야기를 만들어가는 데 쓰이는 말들의 터라고 할 수 있다.(옮긴이)

론의 입장이다. 이 입장에서는 우주 만물이 존재론적 존엄의 완벽한 평등 상태에 있다. 즉 우주 만물 가운데서, 그리고 그 만물의 관계 아래에서, 인간은 '가치'가 더 나가는 것이 아니고(덜 나가는 것도 아니며), 무엇보다도 다른 모든 것들과 마찬가지로 단순한 '자연의 일부'[23]이며, 다른 모든 것들과 마찬가지로 인과성의 보편 질서에 종속된다. 만물이 존재론적 평등 속에서 뒤섞여 있다 해도, 능력에 의해서 구분된다―존재 안에서 평등, 실존 안에서 불평등한 것이다. 한 육체가 산출할 수 있는 결과의 광대함은 곧 내부 조직의 복잡함이 그 지표가 된다. 그리고 '어떤 육체가 동시에 많은 방식으로 변용을 하거나 또는 변용을 받는 데에서 다른 육체들보다 우월할수록, 그 육체의 정신도 동시에 많은 것을 지각하는 데에서 다른 정신들보다 그만큼 우월하다.'[24] 그렇긴 하지만 인간의 육체는 알려진 다른 육체들보다 복합성에서 우월하며, 따라서 변용가능성에서도 우월하다. 인간의 정신 또한 마찬가지이며, 인간 정신의 관념작용 역량에는 상응할 만한 것이 없다.

그러므로 스피노자의 유한 양태들에 관한 존재론은 탈분류 ^{déclassement} 와 재분류 ^{réclassement} 의 이중 운동을 작동한다. 탈분류는 인간의 양태가 다른 것들과 지위가 같은 자연의 일부로서, '제

---

23   '인간이 자연의 일부가 아니라는 것은 불가능하며……'(『에티카』 4부 정리 4)
24   『에티카』 2부 정리 13 주석.

국 속의 제국'이 아니라는 것이며, 재분류는 능력의 위계가 실존하기를 멈추지 않되 다만 다양한 육체 조직의 상호 관계에 지나지 않는다는 것이다. 그러므로 인간 양태는 다른 모든 양태들처럼 동시에 자연의 공통 질서를 다시 세울 수도 있고, 그리하여 원인과 결과의 보편 사슬에 엄격하게 예속될 수도 있으며, 그리고 그럼에도 그 육체적 복합성을 따르는 특별한 소질을, 특히 정신적 소질을 누릴 수도 있다. 다시 말해, 특별한 이 소질들은―즐겨 그렇게 믿어지듯이―인과의 사슬을 제거하기는커녕, 결정론적 인과성에 따른 여러 결과들 중 하나에 지나지 않는다. 사람은 사유하며, 이것은 이미 인정된 바이다.[25] 하지만 사람의 관념들은 다른 것들과 마찬가지로 사물의 산출의 질서를 다시 세우며, 우리가 '사물^{chose}'을 통해 '양태^{mode}'[26]를 의미한다면, 관념 또한 '사물'이라고 할 수 있다. 왜냐하면 관념은 사유라는 속성의 양태이기 때문이다. 변용된 육체에 하나로 일치된 정신의 사유 능력에 의해 산출되지 않은, 즉 정신의 사유 능력이 원인이 되어 결과로서 야기되지 않은 관념은 없다.

그러므로 '세상을 의미 속에 넣기$^{mise\ en\ sens\ du\ monde}$'에 반대할 필요는 전혀 없으니, 그것은 '이해'에 속할 것이다. 또한 현상적 인과성

---

25   이는 그 자체로 너무나 자명하기에, 스피노자는 이를 공리로 제시한다(『에티카』 2부 공리 2).

26   '양태'란 스피노자가 모든 존재자^{étant}에게 부여하는 이름이다.

에 반대할 필요가 전혀 없으니, 그것은 '설명'에 속할 것이다. 설명은 그 용법이 우리가 '사물'이라 부르는 것, 곧 '자연'의 사물이라 부르는 것의 타락한 실존의 형식들에 유보되어 있을 터인데, 이는 이중의 지적인 실수다. 왜냐하면, 한편으로는, 관념 또한 사물이고 양태이며, 다른 모든 양태들처럼, 즉 연장의 양태들처럼 사유의 양태들 역시 자연의 일부분이기 때문이고, 다른 한편으로는, 그 자연이 인간의 자기중심적 정의^{定義}에—내 주위의 모든 것은 내가 아니므로—대응하진 않지만, 인간을 포함하여 존재자들의 총체를—인간의 사유와 함께—총괄하기 때문이다. '이해하기'란, 자신을 둘러싼 세상에 자신의 기질을 자발적으로 투사하면서 세상을 의미 속에 넣는 인간이 하는 것이다. '설명하기'란, 심상과 관념과 의미작용과 판단의 산출을 인과적으로 재구성하면서 이 '이해' 활동을 알아차리게 하는 것이다. 심상, 관념, 의미작용, 판단은 하늘에서 떨어지거나 인간 안에서 무제약적인 자기-기인에 의해 발생하지 않고, 인간 정신의 사유 능력이 독특한 기질의 성향 속에서 외부 변용들의 외력을 받아 특정한 방식으로 발휘된 결과에서 비롯된다.

　그러므로 방금 우리가 정치적 사건에 의해 산출된 결과들 중에서 '입으로 소리를 내는 것'을 거론했던 것은 도발이었다. 의미가 단지 '입으로 낸 소리'로 환원될 수 없다고 생각하는, 인간 존엄성의 애호가들의 빈축을 사고자 일부러 만들어낸 도발이다.

그들은 어떤 점에서 옳고 또 그른가. 그들은 옳긴 하지만, 그저 진부하게 옳다. 실제로 의미는 단독적인 음소들 안에 거할 수 없을 것이기 때문이다. 의미는 언어의 '소리'와—스피노자는 공기의 진동인 음소가 무엇보다도 연장의 양태라는 것을 상기시켜준다—사물의 심상, 그리고 그로부터 정신이 형성한 관념 사이에서 구성된 관계, 즉 동시적이면서 반복적인 변용의 중개를 통해 성립된 관계 전체로부터 생성된다. '로마인은 포뭄^{pomum}[사과]이라는 단어에 대한 생각에서, 어떤 과일에 대한 생각으로 금방 옮겨 갈 것이다. 이 과일은 그 발음된 음성과는 아무런 유사성도 공통점도 없다. 단지 이 사람의 육체가 그 과일을 보면서 포뭄이라는 단어를 자주 들었던 것에 불과하다. 이런 식으로 각자는 습관이 육체 안에서 사물의 심상들 사이에 잡아놓은 질서를 따라 하나의 사유에서 다른 사유로 옮겨 갈 것이다.'(『에티카』 2부 정리 18 주석) 그러므로 의미가 단독적인 '입의 소리들' 안에 거한다는 것을 배제해야 한다는 것이라면, 그들은 옳다. 그러나 치욕의 감성이 육체의 몫을—의심할 바 없이 동물성에 유보되어 있는 몫을—인식하지 못하게끔 인도한다면, 그리고 그렇게 해서, 인간이 우월하게 여겨지는 의미 속에 넣기 작업을 내세워 산출적인 인과성의 보편 질서에서 자신을 제외시키려 할 신비로운 인류학적 특권을 갱신하도록 인도한다면, 그들은 그르다. 그런데 의미작용은 그 단어의 기동적^{起動的} 의미에서 하나의 산출이다.

합리성의 정서

그러나 사람들은 관념과 정서의 이질성을 끝까지 주장해보기 위해, 정서에서 벗어나는, 구체적 형태의 관념작용은 없느냐고 말하지 않겠는가? 그 논증의 규범이 끊임없이 '감정적 동요'에 노출되면서도 합리적인 관념작용은 없느냐고 묻지 않겠는가? 정념과 이성의 철학자 스피노자는 이 문제를 검토하기에 그리 나쁜 위치에 있지는 않다. 온갖 종류의 정서가 토론들을 일그러뜨리고 합리적 소통의 이상으로부터 멀어지게 한다는 것은 모두에게 너무 잘 알려져 있으므로 더 이상 길게 이야기할 필요가 없다. 스피노자가 반박하는 것은, 합리성이라는 자신의 이상에 전적으로 상응하는 소통이라면 어떠한 정서에도 전혀 물들지 않고 순수하리라는 관념이다. 하물며 '현자'의 경우를 통한 반론은 최고의 반론이기도 하다. 현자는 '이성의 지도 아래' 살아가는 사람으로 정의된다. 그런 현자는 정서들을 넘어설까? 분명히 그렇지 않다. 오히려 정반대다. 그는 오직 구체적인 정서들을 경험했기에 이성에 합류할 수 있었고, 그래서 이성 안에서 자신의 실존을 깊이 파고들 수 있었다. 오직 정서만이 누군가가 현자가 되는 것을 포함하여 무언가를 하도록 결정할 수 있기 때문이며, 스피노자의 지혜란 이해 불가능한 오순절 성령 강림 같은 것이 절대 아니기 때문이다. 이런 정서, 즉 '자기 자신과 신神과 사물에 대한 위대한 의식'(『에티카』 5부 정리 39 주석)을 갖는 데서 발생하는 변치 않는 기뽐은 대단히 특별한 정서다. 스피노자가 말하길, 그것은 '그가 가질 수 있는 정신의 최고의 만족'(『에티카』 5부 정리 27)이며, 그가 활동적이라 형언하는 정서다. 이런 정서는 정념이 아니기 때문이다.

그러나 이런 기쁨과 만족의 정점과는 거리를 두고서, 아직도 정념의 노예 상태에 잡혀 있는, 그럼에도, 제3종의 인식이라는 의미에서의 이성[27]은 아니더라도, 적어도 대화 안에서의 '합리성'으로 노력을 하는 평범한 사람들은 어떠할까? 합리적 관념이라고 해서 관념의 일반적 운명에서 간단히 빠져나갈 수 있는 것은 절대 아니다. 합리적 관념은 그 자체로서, 다시 말해, 순수하게 관념적인 내용으로서 무능력하다. 우리가 일시적으로 어떤 합리적 관념의 사슬을 따라가는 데 이른다면, 그건 모든 것에 대해서 그러한 것처럼, 우리가 정서에 의해서 그렇게 인도되었다는 것이다. 정서 중에서도 특히, 우리 사회에서 합리성을 하나의 가치로서, 불확실하고 연약한 권력에 대한 것이지만 그럼에도 때로는 어떤 결과들을 산출하는 가치로서 성립시킨 집합적 정서에 의해서

---

[27] 스피노자는 우리의 인식을 세 가지 종류(단계)로 구분한다. 제1종의 인식은 사물로부터 닥치는 대로 얻는 경험에 의한 인식과 기호를 통해 자동적으로 상기하고 표상하는 인식이다. 제2종의 인식은 사물의 특성에 대한 공통 개념과 타당한 관념을 가지는 이성의 인식이다. 제3종의 인식은 신의 형상적 본질에 대한 타당한 인식에서 출발하여 사물의 형상적 본질에 대한 타당한 인식으로 나아가는 직관적 인식이다. 저자가 제3종의 인식이라는 의미에서의 이성이라고 말한 것은 일반적으로 이야기되는 추론이 아닌 직관을 의미한다.(옮긴이)

다. 왜냐하면 가치란 하나의 사회적 능력이기 때문이다.[28] 더구나 사회는 특수한 영역들의 틈바구니에서, 이를테면 과학이나 철학 분야처럼 특별한 우주들의 틈바구니에서 발전한다. 이 우주들의 참여자는 합리성의 가치에 천착한 상태로 상호변용에 의해 강화되며, 할 수 있는 만큼 (불완전하게, 부득이하게……) 협력하여 그 가치를 배양한다. 그리고 그 우주들로부터 합리적 논쟁의 가치가 다소 어렵더라도 나머지 사회 전체에 침투한다. 하지만 그렇다고는 해도, 합리적 논쟁을 인정하게 하는 것, 다시 말해 거기에 주름 잡히도록 하는 것은 여전히 그리고 언제나 정서의 질서라는 사실엔 변함이 없다. 그 자체로는 능력이 거의 없고 반대되는 세력들에 너무나 취약한 합리성의 형식에 힘을 줄 수 있는 것은 오직 정서밖에 없다. 정치는 합리성의 소통적 이상에 합류할 것이다. 그럼에도 능력과 정서의 문법 안에 전적으로 붙잡힌 채로 머물 것이다.

---

28 다음을 참조하라. 앙드레 오를레앙André Orléan, 『가치의 제국L'Empire de la valeur』, 파리, 쇠유, '관념의 색깔La couleur des idées' 시리즈, 2011: 프레데리크 로르동, 『임페리움. 정치적 육체의 구조와 정서Imperium. Structures et affects des corps politiques』, 파리, 라파브리크La Fabrique, 2015.

정치, 변용의 기술

변용의 기술로서의 정치······ 그리고 그 변수들

어떠한 형태로든 정치에 개입하는 것은 언제나 정념이란 요소에 개입하는 것이다. 이 간단한 이유 때문에 '개입하기'는 결과를 산출하려는 계획, 그러니까 변용하려는 계획을 형성한 것이다. '개입하기'는, 아주 일반적으로는, 정치에서, 예술적이거나 과학적인 하나의 명제 혹은 어떤 생산물의 발매에 의해 말하는 것이다. 혹은 아주 간단하게는, 누군가가 무언가를 하도록 하기 위해, 이를테면 웃거나 화를 내거나 한 가지 생각을 나누거나 생각하도록 하기 위해 누군가에게 무언가를 말하는 것이다. 그러므로 개입하기는 늘 결과를 산출하려는 욕망을 지니고서 정념적인 재료를 가공하는 것이다. 하지만 어떠한 결과를 산출하려는 것인가? 문제는 바로 여기에서 시작된다. 왜냐하면 기대되는 결과가 있고,

또 산출되는 결과가 있는…… 그런 식이기 때문이다.

모럴리스트[29]들은—누가 그들보다 정념의 세계를 더 잘 탐구했던가?—그들 나름대로, 기대되는 결과와 산출되는 결과의 간격을 우리가 알게끔 하기에 아주 유리한 입장에 있다. 그 간격은 그들의 방어적인 육체에 속했거나 혹은 그들의 고유한 모순들의 곤경 속에 있었다. 라로슈푸코 같은 모럴리스트들은 금언을 통해 생각했기 때문이다. 그런데 구축에 의해서 (모든 시대착오는 차치하고), 격언의 기술은 과학의 담론과 똑같은 속박에 구속되지 않는다. 욘 엘스터는 『속담, 금언, 감정』에서 장르의 힘 자체로부터 비롯되는 불확실성을 체계적으로 탐구하며, 때로는 은밀한 버전의 변화와 명백한 비일관성까지도 탐구한다. 『삭제된 금언들』의 금언 46은 '유쾌하게 하는 자신감은 때로 틀림없이 불쾌하게 하는 수단이 되곤 한다'라고 확언한다. 이는 리앙쿠르 수기본에서는 금언 134 '유쾌하게 하는 자신감은 때로 틀림없이 유쾌하게 하는 수단이 되곤 한다'가 된다.[30] 그렇다면 유쾌하게 하는 자신감은 결국 무엇의 수단이란 말인가? '질투의 원인을 명백하게 이해하면 사람들은 질투를 멈춘다.'(『삭제된 금언들』 1판, 금언 35) 그러나

---

29 16~18세기 프랑스에서 인간성과 인간이 살아가는 법을 탐구하여 이것을 수필이나 단편적인 글로 표현한 문필가를 이르는 말. 몽테뉴, 파스칼, 라로슈푸코, 라브뤼예르 등이 이에 속한다.(옮긴이)

30 욘 엘스터[Jon Elster], 『속담, 금언, 감정[Proverbes, maximes, émotions]』, 파리, PUF, '사회과학의 철학자[Philosopher en sciences sociales]' 시리즈, 2003, p. 128.

'사람들이 의심에서 확신으로 넘어가는 순간부터 질투는 분노가 된다'(『삭제된 금언들』 2판, 금언 35).[31] 『삭제된 금언들』 가운데 하나 (금언 55)는 이렇게 주장한다. '사랑이 없을 때 사랑을 획득하는 것이 사랑이 있을 때 사랑을 버리는 것보다 더 쉽다.' 하지만 엘스터의 말에 따르면, 그 이전의 수기본에서는 '더 쉽다'가 아니라 '더 어렵다'고 했다는 것이다.[32] 너무 잘 보이는 이런 극단적 변화들로부터 스스로를 보호하기 위한 가장 좋은 방법은 그 중간에 있는 혼합주의를 택하는 게 아닐까 싶다. '새로운 은총과 오랜 습관은, 서로 대립되긴 하지만, 친구들의 결함을 느끼지 못하도록 막아준다'(『삭제된 금언들』 최종판, 금언 426)[33]라는 금언처럼 말이다. 엘스터가 지적하듯이, 파스칼 역시 유사한 주제에 대해 같은 책략을 사용한다. '지속적인 인상은 우리를 방황하게 할 수 있을 뿐이다. 새로운 매력도 같은 능력을 가지고 있다'[34]라고 하는 식이다. 결국 라브뤼예르는 이 기법을 자기준거의 수준까지 끌어올린다. '사람들이 이『성격론』을 전혀 음미하지 못한다면, 그건 나에게 놀라운 일이다. 그리고 사람들이 이『성격론』을 음미한다면,

---

31   같은 책, p. 129.

32   같은 책, p. 128.

33   같은 책, p. 130.

34   같은 책.

그것 역시 나에게는 놀라운 일이다.'[35]

　사람들이 크게 틀렸을 거라는 건 확실하다. 그리고 엘스터는 '전(前)과학적인' 이 파동들이 이는 광경에서 가볍게 빈정거리는 쪽을 택하는 실수는 절대 하지 않는다. 하지만 오히려 모럴리스트들에게는 아주 확실한 관점이 있다. 그리고 만약 그들이 과학적 정신의 간략한 형식을 충족하는 일의적 결론에 도달하지 못한다면, 그건 일의성이 정념의 조건에 속하지 않기 때문이다. 정념의 체계는 수많은 정도의 자유로 되어 있다. 그러한 까닭에 실제로 그 작동을 예측하기란 대체로 불가능하다. 무언가를 예측하려면 '모든 사물이 다른 측면에서도 동등해야 한다'라는 한 가지 조항을 엄격하게 부과할 것을 전제로 한다. 그런데 '사물이 다른 측면에서도' 동등한 경우는 매우 드물다. 이런 '비동등성'에서 사람들이 그 결과를 명확히 하고자 애쓰는 변용이 아닌 다른 변용들이 비롯되며, 이 변용들은 비동등성을 조정하고 왜곡하고 때로는 전복한다. 주변을 둘러싸고 변화시키며, 또한 변용을 만들어내는 사물은 무수히 많다. 그 속에서 사람들이 관심을 갖고 있고, 전체 상황과 함께 변이되도록 운명 지어진 하나의 결과적 변용을 위해 다른 모든 변용과 더불어 구성되는 변용의 결과를 따로 분리해내는 일은 무척이나 어려울 것이다.

35　같은 책.

그러나 정념적 환경에 개입하는 일에 예측가능성이 결여된 데는 기질의 다양성이 더 많이 관련되어 있다. 다양한 기질을 가로지르며 겪게 되는 굴절을 통해 결과가 산출될 것이기 때문이다. 스피노자는 『에티카』 4부 서론에서 익살스럽게 다음과 같이 지적하고 있다. '음악은 우울한 사람에게 좋고, 애통하는 사람에게는 나쁘고, 농인에게는 좋지도 않고 나쁘지도 않다.' 이처럼 동일한 변용도 그것이 통과하는 인게니움에 따라 매우 대조적인 결과를 산출한다. 음악의 변용은 청각장애인의 변용가능성 안으로 들어가지 못하며, 그러므로 아무런 효과도 산출하지 못한다. 하지만 다른 두 사람의 변용가능성들 안으로는 들어간다⋯⋯. 그러나 완전히 반대되는 효과를 산출한다. 마찬가지로, 수학의 변용이 수학자가 아닌 사람의 변용가능성 안으로는 들어가지 못한다는 것을 우리는 기억한다. 변용 가능한 사람들도―늘 그들의 기질(인게니움)과 그들의 상황에 따라서―서로 다른 방식으로 변용될 수 있다. 페르마의 정리를 증명했다는 소식은 수학자들을 행복에 취하게 하지만⋯⋯ 아마도 거의 성공에 이르렀으나 머리카락 한 올 차이만큼 늦어져 절망에 빠진 수학자는 예외다. 그의 내부에서 기쁨의 보편적 동기가 개인적 환멸의 특수한 슬픔보다 우세하지 않은 한은 그렇다. 이런 기본적인 예시만으로도 정념이라는 요소의 주요한 속성인 다의성을 지각하는 데 충분하다. 모럴리스트들이 예감한 것처럼, 하나의 변용은 하나의 결과를 산출할 수 있으며 그 반대 결과를 산출할 수도 있다. 주변을 둘러싼 모든 것들이 다른 측면에서 절대 동등하지 않기 때문이며, '서로 다른 사람들이, 하나이며 동일한 대상에 의하여 다른 방식으로 변용될 수 있고, 하나이며 동일한 사람이 하나이며 동일한 대상에 의하여 다른 순간에 다른 방식으로 변용될 수 있'기 때문이다.

이제 정치에 대한 개입이 도박의 성격을 띨 정도로 통과해야 할 기질들이 너무 많을 때는 개입의 문제가 어떻게 되는지 생각해보아야 한다. 정치적 개입은 실제로 사회적 세계에 대한 모든 개입처럼 정념적 도박이며 정념에 대한 도박이다. 정치적 개입은 필연적으로 이런 특성을 지닌다. 전적으로 결과의 문제 주변을, 다시 말해 정서의 문제 주변을 맴돌기 때문이다. 내가 하려고 준비하고 있는 것, 그것이 그들에게 무엇을 할 것인가? 내가 준비하는 이 연설, 내가 제시하려는 이 상징적 몸짓, 혹은 내가 취하고자 하는 이 주도권, 내가 공표하려는 이 결정, 내가 이제 막 협상하려고 하는 이 동맹의 전환. 이것이 그들을 어떻게 변용할 것인가? 사실 그걸 아는 사람은 아무도 없다. 그건 늘 정념적 환경의 어둠을 조금 뚫고 무언가를 예측하려고 시도하기 위해 모아놓은 실제적 인식의 조각일 뿐이다. 정치 전략가들이 계속 권위를 가지고 말을 해나갈 수 있으려면 이 인식의 조각을 반쯤 주술적인 인식으로 늘 변환해야 한다. 그리고 사람들은 우연히도 도박

48

에서 성공을 거둔 자(1988년의 미테랑과 2007년의 사르코지)에게 감도는 아우라를 잘 알고 있다. 그는 일종의 마법사다. 그는 '나라를 느낀다'. 그리고 합리적 인식의 대척점에서 '감각적' 인식을 최고의 미덕으로 선출하는 이 마법적 분위기는 정치와 정치인들을 신비로 둘러싸며, 결국 그들마저도 그 신비를 믿게 된다. 불행하게도 주술적 도유塗油36는 이제까지 계속되어온 만큼 앞으로도 계속될 것이다. 요술보다 낭패가 많고, 정확한 직감보다 '잘못된 느낌'이 더 많기 때문이다. 마나mana37는 마술사에게 임시로 귀속되었을 때만큼이나 난폭하게, 그리고 그의 눈에는 이해할 수 없게 그를 버리고 떠난다.

가난한 자에 대한 여론조사 혹은 정서측정

물론 카리스마는 은밀하게—왜냐하면 지나치게 눈에 띌 정도로 거기에 동감한다는 것은 자신을 깎아내리는 것이 될 것이므로—컴퓨터의 보조를 받아 합리적 지지자들에 의해 지탱된다. 혹은 여론조사에 의해 그리된다고 추측된다. 여론조사란 사실상 정서를 측정하기 위한 (변변치 못한) 시도가 아니면 무엇이겠는가? 여론조사를 하는 이들은 이질적인 정념적 환경에서 예상되

---

36 기름을 발라 대상을 거룩하게 하는 유대교와 그리스도교의 예식에서 나온 표현.(옮긴이)

37 마나는 물건이나 사람에 내재한다고 하는 초자연력을 일컫는 민족학 용어다.(옮긴이)

는 결과들을 측정하는 것이 바로 여론조사가 하는 일이라고 주장한다. 사람들이 알고 있는 대차대조표를 가지고서 말이다. 하지만 여론조사원들은 '합리적인' 길을 택했으므로, 구축에 의하여 잃게 될 마나 따위는 전혀 없다. 그들에게는 오직 웃음거리만 되돌아온다. 우리가 이미 알고 있듯이, 그건 합리화의 기획들을 멈추기에 충분한 위협이 되지 못한다. 더욱이 이 합리화의 기획들은 합리성이 없는 것도 아니지만, 사람들이 단순히 아직 '충분히 멀리 나아가지' 않았으며, 오류를 오직 특정한 경향으로 해소하는 것만이 적합하다는 원칙으로부터 출발한다. 정치는 마침내 상업에 발을 들여놓았고, 그 뒤로는 디지털 세계의 관리자들이 거의 반쯤 경찰처럼 구성해낸 거대한 기초 자료들을 활용하여 여론과 선거 결과에 대한 체계적 탐구에 몰두하고 있다. 신자유주의적 자본주의의 중대 사안은 여론조사를 하되 조직적으로 사람들의 가장 깊은 곳까지, 오장육부는 물론 그들의 욕망과 정념까지 조사하는 것이다. 우리는 이를테면 욕망투시기와 정념투시기가 일반화된 시대에 들어선 셈이다. 우리의 욕망과 정념의 작은 주름들, 가장 작은 움직임들을 알아내 가장 정밀하게 가공된 상업적 제안으로 가득 채우는 것이야말로 전문적인 정치에서 그 고유한 제안들을 잘 조정하기 위해 제 나름으로 숙고하고자 시작하는 실행 방법이다. 하지만 거기에 있는 건 상업과 정치의 '응용과학'을 위해서 욕망과 정서를 암묵적으로 인정하는 하나의 형식이 아니겠는가? 욕망과 정서는 무엇보다도 응용과학 고유의 작동들을 지휘하는 데서 중요하며, 응용과학이 진화해온 환경의 본성과 관련해서도 중요하기 때문이다.

근면한 여론조사원들과 영감을 받은 위인들로부터 같은 거리만큼 떨어진 곳에는 또한 제3의 범주에 해당하는 사람들이 있으니, 그들은 회고적 예측의 전문가들이다. 저널리스트, '전문가', 고문 같은 사람들은 모두 말을 하되, 사후에야 말을 하기 위해 존재한다. 그들은 일어난 일들이 모두 그렇게 일어나도록 되어 있었다고 말하며, 그 일이 실패했으면 처음부터 실패할 게 확실했다고 하고 성공했으면 처음부터 성공할 게 확실했다고 한다. 확실히 사람들은 완전히 우발적인 사건의 연쇄에 대한 엄격한 필연성이나 그 자체로 필연적인 사건의 연쇄를 재구성할 때 그들에게 의지할 수 있다. 하지만 그들은 사건을 잘 재구축하려는 욕구를 충족시키고자 경험적으로 선별된 부분적 원인에서 출발한다. 달리 생각할 수 있는 모든 원인들 중에서 그 원인이 적절하며 효력을 발휘한 것이었는지 사전에 말할 수 있는 사람은 아무도 없지만 말이다. 만약 사람들이 '전문가들'에게 사전에 말하도록 했다면, 아마 그럴듯하게 도려낸 예측과 지독히도 장황하고 완곡한 표현을 듣게 될 권리를 갖게 되었을 것이다. 진실은, 전문가들이 실제 그 일을 다루었던 사람들보다 더 많이 알지 못하고(아마도 더 적게 알 것이다) 이미 결정된 것들에 대해 논평해야 한다는 것이다. 그건 그 결과들이 산출되었을 때 필연적으로 더 쉬워지는 일이다. 정념이란 요소의 고유한 불확실성을 바탕으로, 그들의 '지혜'를 혼란스럽게 지각하지만, 그건 단지 나중에 표명될 따름이다. 더구나 정치인, 여론조사원, 평론가 모두가 미디어로 강하게 전파된, 여론조사의 자동실행적인 장점을 통해 일괄적으로 서로 맞다고 인정하기에는 의견이 일치되지 않고, 더욱이 서로를 인정하지 못한다면 말이다. 그런 여론조사란 그것을 통해 성공의 확률을 높이려고 하는 정치 환경 속에서 조직화된—사실 그대로든 의도적으로든—정념적 행동의 한 형식이다. 그럼에도 거기에는 여전히 운에 맡겨진 변화무쌍한 변수들이 많이 있다.

그러므로 정념이란 요소에 대한 개입은 환원 불가능한 예측 불가의 위험성을 짊어진 기획으로 남아 있다. 그 위험성의 원천은 정념적 체계에서 자유의 정도가 상승한 만큼의 수數에 있다. 또한 그 위험성은 환경적 변수의 다수성만큼이나 굴절이 산출되는 기질의 (동시적) 다양성과 (통시적) 변이성 때문이기도 하다. 미네르바의 올빼미는 황혼에 날아오르는데, 그 올빼미가 더 일찍 날아오르지 않는다면, 그건 자유의 정도의 수가 너무 커서 방해를 받았기 때문이다. 자유의 정도의 전체적 가변도는 (느낌, 판단 등등의) 방식을 균질화하는 모든 사회적 기제들에 의해 전적으로 축소될 수도 있다. 왜냐하면 그것이 객관적으로 실재하기 때문이다. 사회적 세계는 평가들과 독특한 방식들이 어지럽게 섞여 있는 절대적 혼돈이 아닌 것이다. 그러므로 사회적-정념적 체계들은 중간 정도의―불충분한―정체 상태에 있다. 이 체계들은 어떤 규칙성을 제공하지만, 정서를 측정하는 예측에 견고한 기초를 제공할 만큼 충분히 명확하지도 않고 지속적이지도 않다. 그러한 까닭에, 정치적 청원에 대한 응답으로서 집합적인 정서적 역동이 이러저러한 의미에서 시작된다. 사람들이 이미 지난 일에 대한 세련된 단어를 갖지 못한다 해도, 그리고 그 응답이 모든 관찰자들을 어리둥절하게 할 수 있다 해도 그러하다.

또한 정념이란 요소에 대한 개입은, 마르크스가 자신의 경제적 생산물을 시장에 내놓는 것이 특별히 어떠한 일인지를 이야기하면서 '상품의 위험한 도약'이라 명명하는 진실의 순간과 대면한다. 이 표현은 마르크스가 '사적인 노동의 사회적 인준'[38]에 대해 이야기함으로써 스스로 탈경제화하는 표현이다. 일반화를 끝까지 밀고 나가, 사적인 명제들의 사회적 인준에 대해 논해보자. 사회적 세계는 인정을―다른 이름으로는 사회적 인준을―얻기 위한 전쟁터라는 관점에서 악셀 호네트[39]를 참조할 수 있다. 인정을 얻기 위한 노력에 대해, 스피노자는 코나투스와 정서의 문법 안에서 다음과 같이 명확하게 자신의 생각을 표명하고 있다. '우

---

38   사적인 노동의 사회적 인준이란 자신의 사적인 생산물을 시장에 파는 데 성공했다는 사실이다. 즉 실제로 자신의 생산물을 사회적으로 인정받게 된 것을 말한다.

39   악셀 호네트Axel Honneth, 『인정 투쟁 La Lutte pour la reconnaissance』(1992), 파리, 세르Cerf, 2000.

리는 사람들이 기쁨을 가지고 바라본다고 우리가 표상하는 온 갖 것을 행하려고 노력할 것이다. 또 반대로, 우리는 사람들이 반감을 가지고 있다고 우리가 표상하는 온갖 것을 행하는 데 반감을 가질 것이다.'(『에티카』 3부 정리 29) 이 뒤에 이어지는 명제는 인정을 받기 위한 노력의 동기를 우리에게 알려준다. 그건 자신의 성공을 상찬하는 특별한 기쁨이다. '만일 어떤 사람이 다른 모든 사람들을 기쁨으로 변용한다고 표상하는 어떤 일을 행하였다면, 그 사람은 원인으로서의 자기 자신의 관념에 수반되는 기쁨으로 변용될 것이다. 즉 그 사람은 자기 자신을 기쁨을 가지고 응시할 것이다.'(『에티카』 3부 정리 30) 사적인 명제들에 대한 사회적 인준은 원인으로서의 자기 자신의 관념에 수반되는 기쁨이며, 자기 자신을 기쁨을 가지고 응시할 가능성에 열려 있다. 사람들은 그런 사회적 인준을 추구해야 한다는 것을 이해한다.

표상의 불안한 중재

그러나 사회적 인준은 불확실성의 중대한 계기이기도 하다.『에티카』 3부 정리 30을 보면, 우리의 개입은 필연적으로 하나의 표상, 즉 다른 이들을 기쁨으로 변용할 수 있을 것에 대한 표상에 기초를 두고 있기 때문이다. 그런데 우리가 혹시라도 틀리게 표상한다면 어떻게 될까? 앞서 주어진 모든 이유들로 보건대, 그럴 위험은 영구적으로 존재한다. 그러므로 사적인 명제들에 대한 사회적 인준은 상품, 예술작품, 우발적 사건, 정치적 선언의 위험한 도약으로 남을 것이다. 정서측정기나 정념투시기의 잠재적 발전을 기다리는 동안, 사회적 인준을 위해 제공된 사적인 명제들의 표적은 신중한 지혜로―아리스토텔레스적인 의미에서 말하자면 프로네시스로―남고, 대중을 변용하는 것은 하나의 기술로 남는다. 그러므로 정치란 바로 변용의 기술이다. 사람들의 기질을 건드리는 것, 적합하게―사람들이 얻고자 하는 것에 적합하게[40]―전율하도록 만드는 것을 기질 안에서 찾아내는 것, 특수한 욕망들을 끌어들이기 위하여 기질의 원동력을 발휘시키는 것(여기에 투표하고, 저기에 서명하고, 찬동하고, 거리로 나서는 것 등등), 이것들이 정치라는 기술을 구성한다.

정념적 소재의 법칙을 객관화하는 데 성공할 수 있는 신뢰할 만한 합리적 지식이 모두 부재할 때, 무슨 일이 있어도 어떤 방침들을 갖추려고 시도하는 정치적 개입 혹은 개입자는 불가피하게 자기 자신의 기질을 투사함으로써 나아갈 수밖에 없다. 그것이 불가피한 까닭은 세계에 대하여 형성된 모든 관념은, 어쨌든 제1종 인식의 영역에서, 인식된 사물의 속성만큼이나 인식하는 육체의 기질을 표현하기 때문이며, 이것이 그러한 까닭은 일반적으로 우리는 육체의 어떤 변용을 통해서만 인식하기 때문이

---

40 스피노자에게 적합^{adéquation}이란 도구적인 성공의 의미가 전혀 아닌 강력한 의미를 띠기 때문이다.

다. '육체가 변용되는 모든 방식들은 변용되는 육체의 본성과 동시에 변용하는 육체의 본성을 따른다. 따라서 그 방식들의 관념은 필연적으로 양쪽 육체의 본성을 포함한다.'(『에티카』 2부 정리 16 증명) 우리의 일반 관념[41]조차 이 투사적 왜곡을 겪기 쉽다. 왜냐하면 우리가 일반 관념을 형성하는 것은, 일련의 요소들의 유일한 공통점이라 믿고 있는 것만을 남겨두기 위하여 수많은 특징을 제거하는 현실의 가지치기가 끝난 뒤이기 때문이다. 그때에야 우리는 이 모든 요소들로부터 '일반 관념'을 소유할 생각을 한다. 그러나 우리의 기질에 의해 작동하지 않는다면 이 가지치기가 어떻게 작동하겠는가. 우리의 기질은 자신의 고유한 성향을 따라, 다시 말해 '가장 많이 변용을 받은 육체와 기억해내거나 표상하기에 가장 쉬운 정신을 지닌 것을 따라서'(『에티카』 2부 정리 40 주석 1) 멀리하기도 하고 남겨두기도 한다. 마찬가지로 '인간'이란, 어떤 이들에겐 웃을 능력을 타고난 동물이며, 또 어떤 이들에겐 깃털은 없고 발이 둘 달린 동물이고, 또 다른 이들에겐 이성적인 동물이다. 하여간 인간은 '각자가 자기 육체의 성향을 따라 사물의 보편적 심상을 형성할 것이다'(『에티카』 2부 정리 40 주석 1).

정치인이 자신의 예상을 구축하는 데 투입하는 것은 투사적으로 형성된 이런 유형의 지식이다. 이런 이유로 그의 성공 여부

---

41   개, 말, 나무, 사람 등과 같이 각 개체에 두루 적용될 수 있는 관념을 말한다. 보통 일반 개념이라고 하는 것이다.(옮긴이)

는 무엇보다도, 그가 변용하려고 계획하고 있는 이들의 성향에 알맞은 그의 성향의 간격에 달려 있다. 모세에 대하여, 그리고 히브리 국가의 기초를 이룬 최고로 정치적인 그의 업적에 대하여, 로랑 보브는 이렇게 썼다. '자기 민족에 대한 선입견을 공유하고 있으면서도 자기 민족의 정신과 거의 총체적인 상호 침투 관계에 있던 모세의 타고난 천재성은, 스피노자에 따르면, 히브리인들의 습관들과 모순되지 않으면서도, 그들의 충만한 정치적 효율성을 그 습관들에 부여하는 것만을 명령한 것이다.'[42] 모세와 민족의 정신은 '상호 침투'한다. 여기서 그가 양태적 기질을 가지고 있다는 걸 이해해야 한다.[43] 그러므로 그는 성공적으로 개입하기 위하여 '계산'할 필요가 없다. 경험하는 것, 그리고 자신이 경험한 것을 믿는 것만으로 그에겐 충분하다. 느끼고 판단하고 사유하는 방식들을 자기 민족과 공유하는 그는 자기 민족으로서 경험하기 때문이다. 상호 침투, 즉 할당된 방식들 안에서 한 가지 양태적 입장을 점유하는 것은 신뢰할 수 있는 유일한 투사적 기초다. 자신들의 분리된 사회적 조건 때문에, 통치받는 이들과의 체계적인 정서적 부조화에 빠져 있는 오늘날의 정치인들에게는 이

---

42   로랑 보브Laurent Bove, 「서론: 육체의 분별. 물리로부터 정치까지Introduction: De la prudence des corps. Du physique au politique」, 스피노자, 『정치 논고Traité politique』, 파리, 르리브르드포슈Le Livre de Poche, '철학 고전Les classiques de la philosophie' 시리즈, 2002, p. 52.

43   여기서 '양태적modale'이란 '양태mode'를 한 가지 할당된 역할의 정점(이를테면, 종 모양 가우스 곡선의 최고점에 대응하는 가치)이라 부르는 개연성들에 관한 이론의 의미에서 이해되어야 한다.

런 기초가 결여되어 있다.

그럼에도 이 모든 변수와 이 모든 왜곡의 한가운데에서 위험을 무릅쓰는 것 말고 다른 선택의 여지는 전혀 없다. 또한 정치에서 어떤 결과를 산출하길 열망하는 모든 이들은 무슈 주르댕[44]처럼 변용의 기술을 시도한다. 변용의 기술은 기구를 조작하는 모호한 방법에서부터 대규모 술책에까지 이른다. 전자에는 적어도 그 기초로서 조금 더 믿을 만한 자생적 지식이 있고, 그 지식이 디딤돌로 쓰이는 기획의 예측가능성을—상대적으로—더 높여준다. 국민이 어떻게 느끼는지, 국민이 어떻게 총체적으로 변용될지 알지 못할 경우, 정당의 기초가 어떻게 반응할지를 좀 더 잘 알아야 할 것이다. 아니면, 정당의 정치국이 어떻게 반응할지를 더 잘 알아야 할 것이다. 거기에서 개인들을 인격적으로 직접 알게 되고, 그들의 경향, 그들의 약점도 알게 되며, 그들을 나아가게 할 수 있는 것과 그들을 촉발하는 말들도 알게 된다. 법정에서 폭동을 일으키거나 국회를 포위하는 일은 늘 위험하긴 하지만 대체로는 더 쉬운 일이다. 하지만 아주 많은 모르는 사람들이 멀리 떨어진 '표상'만을 지닌 것들에 대해 이야기하는 것은 쉽지 않다. 정치적 개입은 라로슈푸코의 갑작스레 돌변하는 심상을 따라서, 하지만 이번에는 더 이상 말로는 하지 않고, 현실에서조차, 정념

---

44   몰리에르의 발레 희극 『서민귀족Bourgeois Gentilhomme』의 주인공으로, 귀족이 되고자 애쓰는 인물이다.(옮긴이)

적 기제들의 원활한 작동을 실험한다. 이 기제들은 거의 떨어져 있지 않은 거리에서도 비난한 뒤 바로 인정할 수도 있고, 같은 일을 하거나 같은 것을 말하는 두 사람 중 하나는 비난하고 하나는 비난하지 않을 수도 있다. 그리고 실제적 기술들이 종종 그러하듯이, 정치인의 변용 기술은 그의 본질을 성공만큼이나 실패를 통해서도 드러낸다. 조준 오류가 그토록 많다면, 그건 다만 조준이 어렵다는 것을 의미할 뿐이다. 정념을 헤아릴 수 없다는 것은 오직 완전한 실패를 통해서만 분명하게 드러난다.

물질적인 정서, 관념적인 정서

(거짓된 이율배반에 종지부를 찍을 것)

자신의 기질부터 다른 기질들까지 말하는 것은, 하여간 상호자아의 좁은 권역에서 나오게 되면, 정치적 개입의 무모한 내기가 된다. 더구나 그 개입이 나쁜 일반적 표상으로, 즉 나쁜 '이론'으로 무장되어 있을 때는 더욱 그러하다. 그런 경우는 예를 들면 의식의 형식이 전적으로 실존의 물질적 조건에 의해 결정되는 경우다. 모든 변용이 그러하듯이, 물질적 삶에 연결된 변용 또한 결정하는 특성을 지니고 있다는 건 아주 확실하다. 하지만 그건 엄격하게 이해되어야 한다. 결정하는 특성이 있다는 것이 결정의 전권을 갖는다는 걸 의미하지는 않는다. 그건 단순히 다른 결정들과 함께 스스로를 구성해야 할 하나의 결정임을 의미한다. 비참함 혹은 편안함 속에서 사는 것, 불안 혹은 안정 속에서 사는 것이 관련된 이들에게 무언가 영향을 끼친다는 것은 분명하다. 또한 정서의 심리-물리적 차원이 원하는 대로 관념들이 이 무언가의 직접적인 궤도 안에서 형성된다는 것도 분명하다. 이 변용들이 사람들의 삶에서 아주 큰 규모를 이루고 있다고 해서, 이 변용들만이 그들의 정념적 풍경 전체를 채울 거라 생각할 이유는 전혀 없다. 이 변용들은 필연적으로 다른 본성을 지닌 변용들과 함께 구성될 것이다. 그리고 늘 그렇듯이 그 결과는 각각의 상대적 무게에 따라 성립될 것이다. '정서는 그것과 반대되는, 그리고 더 강력한 어떤 정서에 의해서가 아니면 억제될 수도 없고 제거될 수도 없다.'(『에티카』4부 정리 7) 마르크스의 문헌에서 문제 삼을 만한 것은 물질적 결정의 배타성밖에 없다. '물질'과 '관념'에는 똑같이 문제적인 이율배반이 있다. 사람들이 이 이율배반에서 벗어나는 유일한 방법은 연장과 사유의 속성 차이의 (존재론적인) 비의적^{ésotérique} 형식을 부여하면서 그 이율배반을 그 자체 너머로 밀어내는 것이다. 그러나 '관념적'이란 말이 현재의 용법을 따라 '관념들'을 가리킬 때, 즉 순수한 관념적 내용으로서가 아니라 관념-정서의 합성물을 가리킬 때, 연장과 사유의 속성 차이는 그 공개적^{exotérique} 형식 속에서 무너져 내린다. 이런 의미에서, 그리고 구축에 의해서, '관념'은 물질적 결정만큼 변용의 전권을 갖는다. 아니면, 우선 이렇게 말해보자. 물질적 변용으로부터 유래하는 정서들은 다른 데서 유래하는 관념-정서들과(관념들을 운반하는 모든 변용들과) 대면하게 된다. 그리고 이 모든 다양한 변용은 중요하다. 어떤 변용도 선험적으로 어떤 원칙상의 우위를 요구할 수는 없으므로, 이 변용들은 그것들의 상대적 강도에 따라서만 판정될 것이다(『에티카』 4부 정리 7). 앞에서 거론한 조세 변용은 이미 그것을 암시했다. 조세 변용의 결과들은 그것이 순수하게 물질적인 변용으로 고려되는가에 따라 대비되어 부각될 수 있다. 돈은 줄어들고, 상품들을 향한 욕망이 실현될 가능성은 제한되니, 슬픔으로 변용하는 것이다. 아니면 조세 변용은 사회적 연대성의 '관념'(변용하는 관념) 같은 하나의 특정한 정치적 인게니움의 주름들 속에서, 이전 정서에 반대되는 하나의 정서의 원칙대로 반복된다. 사람들은 의심의 여지 없이, 그리고 올바르게, 이처럼 형성된 하나의 인게니움의 가능성 그 자체가 사회적 결정들을 가리킨다고 말할 것이다. 이런 말은 옳지만 진부하다. 어느 정도는 우리의 모든 행동에 대해 이야기될 수도 있기 때문이고, '사회적 결정들'이 배타적으로 '물질적 결정들'로 이해될 가능성은 없기 때문이다.

공개적 형식 아래서 이해하자면, '관념적'인 것과 '물질적'인 것의 이율배반은 폐기될 필요가 있을 따름이다. 그런데 그렇게 하는 것이, 변용의 더욱 일반적인 범주 아래에서 종합적 반복에 의해 이 두 용어를 어떻게 넘어설 수 있는지 보여주는 것보다 더 나은 방법은 아마도 아닐 것이다. 실존의 물질적 조건은 변용한다. 그것은 하나의 자명한 사실 그 이상이다. 하지만 관념-정서도 정말 그 못지않게 그러하다. 동어반복적으로! 아주 심오한 동어반복이긴 하지만 말이다. 우리가 정치에서 이해하는 '관념'과 '가치'는 있는 그대로 인정되어야 한다. 그것들은 물질적 변용의 효과를 강화하거나 완화하거나 혹은 전복하는 효과를 지닌 능력들이다. 그리고 마르크스의 문헌에서 보통 '이데올로기'라고 부르는 것은 물질적 하부구조의 (상부구조적인) 부대 현상으로 전적으로 축소될 수는 없다.

'관념'의 변용이 가장 확실한 물질적 이익의 변용보다 중요할 수 있다는 것은, 때때로 관찰자를 완전히 어리둥절하게 한다. '가난한 이들은 왜 우파에 투표하는가?' 토머스 프랭크[45]는 이런 수수께끼 같은 질문을 던진다. 그는 미국의 유권자 대중이 가장 보수적인 공화당원들의 품속으로 뛰어드는 것을 아연실색하며 지켜보고 있다. 하지만 공화당의 경제정책은 임금노동자의 물질적 이익을 맹렬하게 해치는 것이다. 그러므로 보수주의자들의 '문화적 전투'의 축을 이루는 '가치들'은 적절하게 능력을 얻게 되어, 더욱 즉각적인 변용을 능가할 수 있는 변용들의 원리로 기능할 수 있다. 정서 사이에 반목이 일면, 가치의 변용에 모든 기회가

---

45   토머스 프랭크^{Thomas Frank}, 『왜 가난한 사람들은 부자를 위해 투표하는가^{Pourquoi les pauvres votent à droite}』(2004), 마르세유, 아곤^{Agone}, '맞불^{Contre-feux}' 시리즈, 2008.

부여된다. 가치의 구축을 통하여 관념이 변용하게 된 것이니, 관념은 가치가 있기 때문이며, 이렇게 가치가 있다는 것은 그 자체로 하나의 사회적 능력의 표현이기 때문이다. 정서 사이의 반목은 실존의 물질적 조건들의 변용에 맞서, 이 조건들이 일의적으로 의식의 형식들을 결정짓는다는 너무 단순하게 구상된 언명을 조절할 수 있으며, 때로는 전복할 수도 있다. 변용들의 게임은 훨씬 더 열려 있으며, 완전히 예기치 못한, 때로는 자발적으로 정상에서 벗어난 것이라 판단되기까지 하는 형상들을 산출할 능력이 있다.

누구에게 말하는 것인지를 알 것

자발적인 투사들─판단하고 사유하는 자기 고유의 모든 방식의 대상이 되는 정치인─그리고 그 투사들을 교정하려고 시도하는 표상의 오류들(재현의 오류들)이 서로 결속되어 돌발적인 정치적 개입이 큰 타격을 입기도 하고, 때로는 모든 타당성을 박탈당하기도 한다. 사람들은 누군가를 변용하기를 착수하는 것에 관한 기본적인 진실을 어디에서 재발견하는가? 그건 사전에 그 사람의 정서적 기질을 검토하고, 그를 전율하게 만드는 것에 관해 정확한 한두 개의 관념을 갖는 것을 전제로 하며, 더욱 장기적으로는 그의 기질 자체를 검토하는 것을 배제하지 않는다. 하지만 이런 인식의 기획은 나름의 경향과 수단을 갖추고 있을까? 부르디외의 사회학 같은 사회학은 예외다. 부르디외는 『세계의 비참』[46]에서 자신의 연구를 명백히 스피노자의 인텔리게레[47]의 비호 아래 두고, 특이한 본질에 관한 인식, 제3종 인식의 사회학적 유지·보수를 앞당기는 데까지 나아간다.[48]

하여간 인텔리게레의 의도란 이런 것이다. 첫눈에―숙고하지 않은 투사의 시선으로―보기에는 이해 불가능해 보이는 이 모든 정치적인 것들을 결국 이해하기 위해 대비해야 한다는 것이다. 특히, 보통 자본주의의 주요 위기가 발생할 경우에, 완전히 획득되는 선거구에 대한 좌파 정치 조직들의 모든 지배력을 잃게 만든 대중적 정념들을 이해하기 위한 대비가 필요하다. 그러므로 이 문제에서 물질적 변용이 모든 것을 다 하는 게 아님을 믿어야 한다. 더구나 역사가 오랜 시간에 걸쳐 쌓아 올린 것들이 있다. 실존의 유사한 물질적 조건은 1914년 유럽에서 프롤레타리아들의 즉각적 연대를 산출하지 못했으며, 프롤레타리아들이 세계대전의 도살장으로 몸을 던지는 것 또한 막지 못했다. 물질적 변용은 민족주의-국수주의 변용에 지배되었다. 신자유주의적 자본주

---

46   피에르 부르디외Pierre Bourdieu 편, 『세계의 비참La Misère du monde』, 파리, 쇠유, 1993.

47   인텔리게레intelligere는 '지각하다', '이해하다', '인식하다', '식별하다'라는 뜻을 갖는 라틴어 동사 intelligo의 원형 부정사다. 지성intelligence의 활동을 의미한다.(옮긴이)

48   나는 파리 1대학(팡테옹 소르본)의 박사과정생인 다니엘 아드제라드Daniel Adjerad의 도움을 받았다. 그는 얼마 전 강의에 대한 기억을 새로이 되살려주고, 이 놀라운 참고 사항을 나에게 환기시켰다.

의에 의한 거대한 임금노동자 계층에 대한 학대에서 좌파 정당의 자산이 기계적으로 형성되지도 않았고, 스스로 반자본주의라 말하는 운동들은 위기 상황이 닥치자 폐기되었다. 위기가 발생했을 때에도 지면상으로는 모든 것이 그들에게 호의적이었다. 하지만 오직 물질의 우위에 관한 지면상에서만 그러했다. 물질의 우위 같은 것은 실재하지 않는다. '물질적'이라는 말에서 사람들이 연장의 속성에 가까운 무언가를 이해하지 못하고, 더욱 일반적으로는, 육체와 육체의 모든 변용들의 질서를 이해하지 못한다면 말이다. 하지만 용어의 좁고 통상적인 의미에서 '물질적 조건'이 정말 중요하다 하더라도, 절대로 결정을 독점하지는 못할 것이다. 캔자스의 가난한 임금노동자들이 공화당의 품속으로 몸을 던지는 동안, 유럽 여러 나라의 임금노동자들은 극우의 품속으로 떨어지고 있다는 건 그러한 사실을 충분히 입증한다.

좁은 의미에서의 물질적 결정이 이 문제에 대해 모든 것을 다 하지는 못한다면, 그건 매우 일반적으로 코나투스의 운동이 표상의—모든 표상들의—중개를 통하여 결정된다는 것이다. 정념적 삶의 기본 기제들을 '기하학적으로' 설명하는 『에티카』 3부에서는 '우리가 표상하는 사실로부터', '우리가 표상하는 모든 것', '우리가 그렇다고 표상하는 것 모두', '우리가 표상한다면' 등등 '표상'이나 '표상하다'라는 용어가 등장하는 언명들을 헤아릴 수도 없다. 그러므로 슬픔의 정서에 대한 능동적인 반응은 표상에 의해서 매개되며, 표상들은 선행하는 변용들의 흐름을 따라 구성되는 것이다. 축자적으로 말해서, 사람들이 원인을 잘 알고 행동하는 게 아니라는 건—『에티카』의 중심 주제들 가운데 하나이긴 하지만—오해의 소지가 있다. 더 정확하게 말하자면, 사람들은 제1종 원인만을 알고 행동한다. 정확히 말하자면, '풍문을 통한'[49], '막연한 경험을 통한', 혹은 '여론을 통한' 인식, '혼란스럽고 훼손된'[50] 인식, 이해가 아니라 표상을 통해 지배되는 인식을 가지고 행동하는 것이다. 표상들을 통한 인식이 정도에서 벗어난 방향으로 빠질 수 있으므로, 스피노자는 『신학정치론Traité théologico-politique』부터 임상진단용 도표를 만들고자 시도했다. 이 도표는 이런 특수한 형태의 표상적 인식이 어떠한 탈선에서 비롯되는지를 보여주는데, 그런 앎이란 결국 미신, 즉 망상에 빠진 인과관계 도식이다. 그렇긴 하지만 스피노자는 그런 정신 나간 인과론을 분석하는 데서 그치지 않고, 거기서 비롯된 모든 정치적 결과를 보여준다. 특히 잘못된 집합적 표상, 조작된 믿음에 직접 기대어 군림하고 있는 권력에 그런 인과론이 제공하는 방편을 보여준다.

혼란스럽고 훼손된 인과적 재구성에 빠져드는 표상의 악습, 그리고 이 악습이 그 대상을 만들어줄 수 있는 정치적 회유, 이 중

---

49   스피노자, 『소논문Court traité』, 조엘 가노Joël Ganault 역, 『전집 I Œuvres I』, 파리, PUF, '에피메테우스Épiméthée' 시리즈, 2009, 2권, 4장, 9.

50   『에티카』 2부 정리 40 주석 2.

에 우리의 실제 현실에서 벗어난 것은 아무것도 없다. 탈선한 표상들에 의해 분노의 방향이 바뀌는 것은 지금 그 어느 때보다도 하나의 정치적 유형으로 통용되고 있다. 일반적으로 이를 최대한 실행하고 있는 이들은 극우다. 사람들이 겪은 비참한 재난들은 사회적 불안정과 정치적 유기에서 비롯한 것인데 반해, 그에 대한 인과적 재구축은 이민자들이나 '외국인들'을 향하게 된다. 정념적 삶의 결정적인 구절인 '우리가 상상한다면……'이라는 말에는 슬픔의 경제적 원인들을 밀어내기 위해 노력하는 역학적 해석은 전혀 담겨 있지 않다. 정신 나간 표상이 코나투스를 이끌어 난관에 빠지게 하지만, 이를 금하는 것은 아무것도 없다. 표상이 정신 나간 것이 되거나 정신 나간 것으로 만들어진 것은 그것을 이러저러한 방향으로 보내고자 순응시키는 데서 강력한 사회적 이익이 발생하기 때문이다.

정념적 환경에서의 정치적 개입은 그것이 호소하고 있는 자들의 관념에 관한 혼란스럽고 훼손된 관념을 통해 앞으로 나아가고자 한다면 어떤 기회도 얻지 못한다. 하지만 제1종 인식은 모든 단계에서 군립한다. 사람들은 말을 하면서도 말하고 있는 상대를 모두 무시하고, 그들의 기질과 그들의 변용가능성을, 그들에게 무언가를 만들어줄 수 있을 것들을 간단히 모두 무시하고 있는데, 이런 조건들 안에서 우리는 어떻게 하면 정확한 하나의 의도에 적합하도록 효과적으로 이야기하는 법을 생각해낼 수 있겠는가. 물론 다른 형태의 절차 없이 인게니움들의 경향을 인정하고 그것들을 만족시킬 것을 제공하는 데서 그쳐야 한다는 것은 아니다. 인정 게임을 하는 데 만족하는 것은 인종주의적 우파인데, 불순하고 권위적인 좌파도 점점 더 이 게임에 가담하고 있다. 그러나 적어도, 다른 방식으로 그 게임을 하게 하려는 희망을 갖고자 한다면, 그 게임이 어떻게 '돌아가는지' 이해할 수 있는 지성이 있어야 한다. 예를 들어, 끝에서 두 번째 자리를 향한 정념이라 부를 수 있을 이 특수한 종류의 정념에 어떻게 맞설 것인가. 어떻게 해서라도 마지막 자리를 피하고자 하는, 마지막 신참자로 거기 남지 않길 바라는, 그리고 다른 이들에 비해 뒤처지지 않길 바라는, 아무튼 자기 '아래'에 누군가 있기를 바라는 욕망에 어떻게 맞설 것인가. 그러므로 그건 끝에서 두 번째 자리가 그 자체로 특별히 바람직하기 때문이 아니라, 가장 끝자리가 근본적으로 혐오스럽기 때문이다. 끝에서 두 번째 자리를 향한 정념, 그것은 밑바닥에 대한 강박관념이며, 이는 어떤 자리를 차지하기 위해서가 아니라 어떤 자리를 모면하기 위해서 자신과 더 유사한 이들에게 더 많은 적대감을 가지고 자신을 더 낮은 자리로 떨어뜨리는 전도된 모방적 경쟁 관계의 한 형태다. 자리에 관한 가장 강한 객관적 연대를 함께 공유해야 할 가장 가까운 사람들이 있지만, 그럼에도 그들에게 동화되지 않은 자신을 다시 발견하는 것, 그것이 끝에서 두 번째 자리를 향한 정념의 원동력이 된다. 실업자들에 대한 감시를 강화하라고 권고하는 실업자들이 바로 그와 같다. 물론 그건 '가짜 실업자들'을 감시하라는 말이다. 왜냐하면 여기서 끝에서 두 번째 자리를 향한 욕망이란 '진짜'를 구현하려는 욕망이기 때문이다. '구호 대상자'가 '밑바닥'의 다른 이름이며, 모든 면에서 완전하게 밀려났다는 낙인의 이름이라면, 이런 조건들 속에서는 실업자조차 (정념적으로) 논리적이 되어 구호사업을 비판한다. 그리고 '피지배자들과의 일치'를 이루고자 하는 정치인들은 이런 정념의 원동력을 잘 알지 못할 경우 높은 곳에서 떨어질 위험이 있다.

관념에 능력을 부여할 것

정치가 자기 분야 안에서 변용의 기술이라면, 그 기술은 어떻게든 관념에 능력을 부여하는 기술로서 특권적인 방식으로 발휘될 방법을 찾아낸다. 사실 우리는 이미 보았다. 관념은 관념인 한 힘이 없다. 육체에 대한 힘이 없다. 육체가 욕망하도록, 움직임을 만들어내도록 결정할 수 있는 변용의 힘이 없다. 스피노자는 『에티카』 4부 정리 14에서 이렇게 밝혔다. '선과 악에 대한 참된 인식은 그것이 참인 한에서는 어떠한 정서도 억제할 수 없다. 하지만 오직 사람들이 그것을 하나의 정서로 간주하는 한에서는 억제할 수 있다.' 이것은 부르디외가 '참된 관념의 내재적 힘은 없다'라고 말하면서 자기 나름으로 다시금 명확하게 표명한 구절이다. 이는 부르디외가 이 구절을 '사유의 역사 전체에서 가장 슬픈 구절'[51]로 여겼음을 덧붙이기 위한 것이기도 하다. 그리고 수많은 관점에서 볼 때 이 구절이 우습지 않다는 것은 정말 사실이다. 단지 등장하는 것만으로 진실이 승리하리라 기대하는 것은 아무 소용이 없다. 진실이 저항할 수 없도록 정신을 전향시킬 권한이 있으리라 믿는 것도 무용하며, 모두를 진실의 규범으로 되돌리기 위해서는 진실을 명확히 드러내는 것만으로 충분하다고 상상하는 것도 무용하다. 그럼에도 『에티카』 4부 정리 14는 '선과 악에 대한 참된 인식은 그것이 참인 한에서는 어떠한 정서도 억제할 수 없다'라고 주장하고 있긴 하지만, 그 뒤에 즉각 '하지만 오직 사람들이 그것을 하나의 정서로 간주하는 한에서는 억제할 수 있다'라고도 덧붙여 말하고 있다. 어떤 관념이라도 그러하듯이, 이성의 관념은 정서에 의해 전달될 때만 효력이 있으며, 정서의 도움 없이는 우리를 어떠하게도 결정하지 못할 것이다. 다시 말하자면, 이성은 그 자체로서, 다시 말해 오직 그 자신으로서는 우리의 실존에 결과를 산출할 능력이 없다. 정신분석 요법을 받는 모든 이들은 이를 완벽하게 잘 알고 있다. 그들은 스스로 신경증에서 자유로워질 수는 없더라도, (실제로는 충분히 의심스러운

---

51   피에르 부르디외, 『개입 1961~2001. 사회과학과 정치행위Interventions 1961-2001. Science sociale et action politique』, 본문 편집은 프랑크 푸포Franck Poupeau와 티에리 디세폴로Thierry Discepolo, 마르세유, 아곤, '맞불' 시리즈, 2002, p. 325.

것이지만…… 이런 진술이 하나의 의미를 갖는다는 걸 전제로 할 때) 그에 대한 합리적 지성을 지닐 수는 있다. 그리고 정확히 말해, 그로부터 스스로를 '자유롭게 한다'는 것은 (앞서와 똑같은 유보조건을 상정한다면) 한층 더 많은 것, 즉 정서들을 다시 이을 것과 주름들을 다시 만들 것을 요구한다. 그것은 주로 전이에 의해 실행된다.

하지만 여기서—더구나 하나의 논증을 제시하기 위한 것이 아니라면—매우 일반적으로 관념의 관념적 본성이 문제가 되는 만큼 이성 그 자체가 문제가 되는 것은 아니다. 이로부터, 자주 호의적으로 제시되는 것과는 달리, 정치가 '관념에 관한' 사안이 아니라 변용하는 관념을 산출하는 것에 관한 사안이라는 사실이 재차 확인된다. 그건 관념에 하나의 보충물을 덧붙일 것을 전제로 하는 것이다. 참된 관념이라 해도 관념 자체로서의 관념은 이렇게 무능하다는 사실에 대한 예시로는 기후변화 문제보다 더 나은 것이 없다. 기후변화에 대한 객관적 자료는 이제 매우 확실하게 정립되어 있다. 상황의 위중함에 상응하는 최소한의 정치적 반응을 불러일으키기 위한 일을 하지 않는다면 예상되는 결과는 참으로 우려스러울 지경이다. 일어날 참사에 대한—그리고 그 규모에 대한—예측이 최소한의 경로 수정도 일으키지 못하는 무능함에 대해 의문을 제기하는 장피에르 뒤퓌[52] 같은 사람들은 수없이 많다. 예측된 재난을 미리 명확하게 형상화한다고

71

해도, 재난 방지가 오직 우리에게 달려 있는 이상, 재난을 방지할 수 없다는 것을 어떻게 이해해야 할까? 그건 정확히 그러한 형상화가 아마도 그다지 명확하지 않기 때문일 것이다. 더 나아가 이렇게 말해야 할지도 모르겠다. 그건 아마도 재난에 대한 사유가 아직 형상의 단계, 즉 표상의 단계, 다시 말해 생생한 심상의 단계로 넘어가지 못했기 때문이다. 그런데 사물의 심상은, 즉각적인 심상만이 아니라 기억이나, 더 일반적으로는 표상을 통해 산출되는 결과에 의해 재생되는 심상도, 그 자체로서 그리고 (순수한) 관념의 역으로서 욕망과 운동을 결정할 권력을 가지고 있다. 심상 없는 관념이 있다면, 알다시피, 그런 관념은 우리가 '추상적'이라고 하는 관념인데, 이런 관념을 통해 우리는 어떤 방식으로 관념이 우리에게 감각 가능한 것이 될 수 있는지를 알 수 있다. 그 방식이란, 이를테면, 개념들을 직관에 제시하는, 다시 말해 개념들을 감각 가능한 하나의 형식으로 제시되도록 조직하는 칸트의 도식론^{schématisme}의 전체 기능 같은 것이다. '이론^{théorie}'의 어원 테오라인^{theorein}이 본다는 것을 의미한다는 사실조차 관념의 감각화의 관점에서 이러한 노력을 간접적으로 입증하는 것이 아닐까? 관념을 '감각화한다'는 것은 관념에 능력을 부여하는 것이다. 이를테면, 심상과 같은 육체의 변용들을 관념에 연결하고, 그렇게 해

---

52   장피에르 뒤퓌$^{Jean-Pierre\ Dupuy}$, 『밝혀진 격변성을 위하여. 불가능하다는 것이 확실할 때 Pour un catastrophisme éclairé. Quand l'impossible est certain』, 파리, 쇠유, '관념의 색깔' 시리즈, 2004.

서 관념이 변용할 수 있도록 만들어주기 때문이다. 적어도 관념이 충분한 강도를 띠고만 있다면 그러하다. 사실 여기서 문제가 되는 것은 능력의 정도와 (정념적인) 힘들의 관계다.[53]

기후변화를 형상화할 것

우리의 표상은 충분히 생생한가? 그리하여 부재하는 것, 여기에 아직 도래하지 않은 미래의 것들에 대한 형상을 우리에게 전달해주는가? 우리가 행동하도록 결정할 만큼 충분히 강력한가? 사람들은 기후변화 문제를 우리가 필요한 만큼 강력하게 경험하게 할 육체의 변용들을 알고 있다. 이를테면 물에 젖은 발의 변용이다. 예를 들어, 최고 높이가 해발 50센티미터밖에 되지 않는 몰디브나 태평양 섬나라의 지도자들이 기후변화 문제에 의해 진정으로 움직이기 시작했다는 것은 의심할 수 없는 사실이다. 그들은 그 문제에 육체적으로 관련되어 있다. 하지만 문제는 즉각적으로 등장하고 있으며, 이중적이기까지 하다. 우선 제기되는 문제는 이 변용들이 불시에 나타날 경우에도 여전히 이 변용들만으로 충분할까 하는 것이다. 이에 대한 답은 전혀 분명치 않다. 우리는 이미 더 이상 대응하지 않으면서, 그저 오염된 공기에서 비롯된 (스피노자적 의미와 의학적 의미라는 이중적 의미에서의) 호흡 관

---

53   『에티카』 4부 정리 7.

련 변용들을 인내하고 있다. 몰디브가 확실하게 살아남는다고는 하더라도, 상당수의 다른 나라들이 계속 머뭇거린 탓에 해안 지방이 잘려나가는 일을 겪어야 할지 누가 알겠는가? 그다음으로 제기되는 문제는, 무엇보다도 우선적으로, 이 결정적인 변용들의 돌발이 이미 그 자체로 너무 늦어버렸음을 나타내는 기호가 되지는 않을까 하는 것이다. 장피에르 뒤퓌가 제기하는 문제 또한 그러하다. 예고된 재난으로 이르는 길을 막는 것이 가능하겠는가? 그런 일이 가능하다면, 우리는 그것이 어떤 측면과 어떤 영역에서 일어날지를 알고 있다. 우리를 그 예고된 참사로부터―제때에―구원하려면 기후학의 무능력한 참된 관념에 성공적으로 능력을 부여해야 한다. 다시 말해, 다가올 일의 생생한 형상을 우리에게 제시해야 하는 것이다. 결국 (소위) '정신을 때리는' 표상에 마침내 연결되어, 기후학의 진실이 관념적 관념에 그치는 일을 멈추도록 해야 하며, 우리를 변용할 권력을 획득하도록 해야 한다.

다행히도 이 관념적 관념들이 단번에 그러한 권력을 부여받은 장소들이 존재했다. 본래 과학 영역은 과학의 관념들이 즉각적으로 변용한다는 사실이 주된 특징인 정념적 소우주다. 마찬가지로 본래 과학자의 인게니움은 과학의 관념들에 구성적으로 변용 가능성을 밀어 넣는다는 사실에서 인지된다. 본래 개인들이 과학적 관념들에 대한 사랑 속에서 서로 유사하게 변화되는(『에티카』

3부 정리 27) 과학적 영역은, 기후 문제에 의해 이미 '의식화된'―
이미 사전 변용을 받은, 처리된―생태학적 정치 환경들과 더불어, 기후변화의 참된 관념이 단번에 힘을 부여받아 등장할 수 있었던 사회적 세계의 드문 장소들 가운데 하나다. 그러므로 여기서 제기되는 질문은 그 관념이 더 멀리까지 변용할 수 있는 권력을 취하도록 만들기 위해―그리고 그 관념을 과학적 관념에서 정치적 관념으로 변환하기 위해―그것이 그 생물학적 환경으로부터 나오게끔 할 방법들에 대한 질문밖에 없다.

행동주의 혹은 인상의 전략들

여기에 행동주의의 일반적 의미가 있다. 하지만 아마도 정치적 행동주의에 대해서는 아주 짧게 말해야겠다. 정치적 행동주의란 처음엔 무능력한 관념을 능력 있는 것으로 만들기 위하여 노력하는 것이다. 상징적이라고 이야기되는 행동은 그만큼, 관념적 내용에 육체의 변용을 부가하기 위한 시도이기도 하다. 색깔이 강한 연출, 우발적 사건, 구호('레브 제네랄$^{R\text{ê}ve\ g\text{é}n\text{é}rale}$'54 같이) 등 발상이 독창적이라면 어떤 결과를 산출할 수 있지 않겠는가? '정신을 때린다'고 생각되는, 즉 실제로 육체를 변용하고, 바로 그것을 통해 심상의 사슬들을 자기 안으로 유도하며, 관념의 사실들을 정신

---

54   2006년 봄 프랑스 총파업에서 등장한 구호인데 '일반적 꿈$^{r\text{ê}ve\ g\text{é}n\text{é}ral}$'과 '총파업$^{gr\text{è}ve}$ $^{g\text{é}n\text{é}rale}$'을 결합한 말이다.(옮긴이)

안으로 유도하는 활동은 많다. 변용 기제들도 그만큼 많다. 그리고 여기에 정치적 변용의 기술, 특별히 소수파의 정치적 변용의 기술을 본질적으로 구성하는 것이 있다. 정치는 능력이 없는 관념을 능력 있는 것으로 만들기 위하여 사람들이 보통 행동주의라 부르는 이 영역을 통과해야만 한다. 변용 기제에 올라타야 하는 것이다. 그리고 무엇보다도 변용의 메타-기제를, 즉 미디어를 변용하고자 시도해야 한다. 미디어라는 메타-기제를 취하는 것, 그것은 정서의 정치의 N극, 즉 항구적 강박이다. 변용하는 미디어를 변용하는 것, 거대한 변용 기제를 변용하기 위해 작은 변용 기제에 올라타는 것, 그리고 지렛대 원리를 이용하는 것은 논리적으로, 열이나 열다섯에서 수백만에 닿기를—아르키메데스 같은 전략[55]을—바랄 수 있는 행동주의의 알파벳 같은 기초가 되었다. 기화하듯 쉽게 사라지는 결과들을 가지고 그럴 수 있을까? 물론이다. 그건 모든 대의는 주의를 끌기 위해 분투하며[56], 그 수가 너무나 많아서 짧은 반감기에 작은 파편들로 나뉘는 일이 많기 때문이다. 악착같은 반복과 장기간의 고집만이 그저 스쳐 지나가는 정서들을 육체의 새로운 주름으로, 다시 말해 지속적인 성향으로 변환하기 위한 변용의 유일한 전략이다. 최초의 개입, 최

---

55   아르키메데스는 지렛대의 원리를 발견하여 정립했다.(옮긴이)

56   이브 시통Yves Citton, 『주의력의 생태학을 위하여Pour une écologie de l'attention』, 파리, 쇠유, '관념의 색깔' 시리즈, 2014.

초의 우발적 사건은 분명히 깊은 인상을 남기지만, 그 인상 또한 쇄신되지 않는다면 주의를 끌기 위한 악착같은 경쟁 속에서 증기처럼 사라질 것들이다. 이런 조건들 속에서는 새로운 변용가능성의 표시를 파고들어 느끼고 판단하는 방식들 안에 ─ 인게니움 안에 ─ 사람들이 보통 '생태학적 의식'이라 부르는 것을 반복해서 밀어 넣을 필요가 있다.

모든 인상의 전략들 가운데, 권위 있는 화자를 동원하는 것이야말로 가장 고전적인 전략이다. 한 가지 대의에 대한 '유력 인사들'의 보증은 그들의 상징 자본을 재활용하는 데 지나지 않는다. 하지만 그것 자체가 하나의 사회적 능력, 다시 말해 변용할 수 있는 권력이다. 그런데 그런 권력의 근원은 무엇일까? 이에 대한 스피노자의 대답, 즉 내재성의 응답은 바로 대중 그 자체가 권력의 근원이라는 것이다. 대중은 스스로에게 불투명한 정서적 수렴의 과정을 통하여 독특한 한 인물을 카리스마적 인물로 선출하는데…… 그의 카리스마가 다시 대중을 변용하고, 대중은 역방향으로, 즉 순환하는 정서의 흐름 속에서, 정서적으로 자신이 카리스마적 인물로 임명한 그 개인을 가로질러 스스로를 다시 변용한다. 그러나 이런 건 아무래도 상관없다. 그 인물 자신의 작업들은 대중에게 알려지지 않은 채로 지속된다. 그의 카리스마가 효력을 발휘하는 것은 오히려 그의 작업들이 알려지지 않기 때문이다. 그러므로 그의 카리스마가 하나의 사회적 능력인 까닭은 그것이 단지 사회문제의 능력을 재활용하는 것이기 때문이다.

카리스마적 인물이란 자기 발로 서 있는 하나의 공통된 정서, 즉 인물로 드러난 공통의 정서다. 그는 자신을 카리스마적 인물로 만든 한 가지 공통 정서의 수탁자로서, 바로 그 사실에 의해 공통으로 변용하는 권력을 부여받는다. 부르디외가 상징 권력이라 부르는 것은 다름 아니라 바로 사회적으로 발생한 이 변용 역량이다. 그건 그 공통 정서에 의해 이미 카리스마를 부여받은 그 인물을 통해 인접한 관계들로 퍼져 나가기 때문이며, 그 인물이 건드리는 것 모두 차례로 카리스마를 부여받기 때문이다. 그러므로 카리스마적 인물은 자신이 사전에 인정받았던 강도에 비례하여 다른 것들도 인정받게 할 수 있는 권력의 수탁자이다. 카리스마적 인물이 공통 정서를 산출하는 권력을 가진 것은 그가 하나의 공통 정서의 산물이기 때문이다. 그가 다른 것도 선출되도록 만들 수 있는 것은 그 자신이 선출되었기 때문이다. 그리고 언제나, 스피노자가 순환하는 대중의 능력이라 부르는 것[57]은 사회문제의 능력이다. 대중은 자신의 고유한 능력의 순환에 의해서가 아니라, 대중에게 낯설게 남아 있는 절차를 따라, 이를테면 최후 분석에서 _en dernière analyse_ 카리스마적 인물이 곧 대중이라는 것을 깨닫지 못한 채 서로에게 자동으로 영향을 끼치는 데 그친다. 그러

---

[57]   대중의 능력과 그것의 형성, 순환, 효과에 대한 보다 실질적인 통찰을 위해선 프레데리크 로르동, 『임페리움』을 참조하라.

므로 공통 정서의 일반 경제이기도 한 상징 권력의 일반 경제는 인접한 관계들을 따라 재투자에서 기능하며, 파생과 재활용에서 기능한다.

하나의 대의를 보증하도록 만들기 위해 한 '인격'을 낚으러 간다는 것은, 공통 정서로부터 선출된 한 사람을 찾으러 가서 그가 이미 장악하여 수혜를 받고 있는 대중의 잠재성을 새로운 방향들로 동원하려는 것이다. 그것은 대규모로 변용할 수 있는 하나의 권력을 치유하러 가는 것이다. 그 권력은 분명히―거시적 권력이 모두 그러하듯이―자기 것이 아니라 빌려 온 것이다. 그런 권력은 그것을 임명하는 사회적 능력들보다는 주체의 실질적인 속성들 안에 훨씬 더 적게 들어 있다. 하지만 어쨌든지 그 권력은 자신과 합체되어 있는 능력의 방향을 사람들이 새로이 설정하는 지점에서 언제든 그 효과를 산출할 수 있는 권력이다. 바로 그 지점으로부터 그 '인격'이, 즉 이미 완성되어 사용될 준비가 끝난 이 변용의 기제가 인상의 모든 전략들을 위한 분명하고도 즉각적인 해결책으로서 모습을 드러낸다. 그 '인격'은―가장 축자적인 의미에서―깊은 인상들을 남길 것이다. 그 인격은―구축에 의하여 이미 인상적인 인물로 구성되었으니―인상들을 산출할 것이다.

추상적인 것을 구체화할 것, 비전을 공유할 것

정치의 변용의 기술은 형상과 표상에 의해 앞으로 나아간다. 하나의 대의는 (그 말의 정치적 의미에서) 첫 번째 과업으로서 부재하는 것을 현존하게 만들고, 보이지 않는 것을 보이는 것으로 (그리하여 변용하는 것으로) 만들어야 하며, 그 대의의 첫 번째 신봉자들이 바라보듯이, 그것이 '심적 심상[58]'을 통하여 보이게끔 만들어야 한다. 변용될 수 있고 이미 변용되었다는 범위 내에서 그것은 이미 비전을—생생한 표상을—지니고 있다. 해수면 상승, 사회적 빈곤, 직장에서의 억압, 인종차별로 인한 수난, 망명의 고통 등등. 대의는 보는 자들의 사안이며, 대의의 기술은 비전을 공유하는 기술이다. 나는 내가 보는 것을 당신에게도 보여주고 싶다. 내가 보는 것과 똑같은 강도로 당신도 그것을 보았으면 좋겠다. 그러므로 정치란 단번에 가시성의 경제 전체와 직결된다. 각각의 대의는, 아예 보이지 않거나 충분히 보이지 않는 것을 보이게 만들거나 더 잘 보이게 만들기 위하여, 자신에게 유익하게 그것을 개편하거나 왜곡하고자 노력한다. 또한 마찬가지로 현실적 심상에 의해 지지자, 곧 보는 자들은 이미 '심적' 심상의 상태로 소유하고 있는 비전을 확산시키고자 노력한다. 사람들은 자신이 직접 비참한 상황에 내몰리지 않고도 그런 상황에 맞서 싸우기로 결

---

58   '심적心的/mentale'이란 말을 엄격하게 정신esprit의 의미에서 이해한다면 '심적 심상'은 모순어법이 되고 만다. 심상은 육체에 의한 지각perception의 질서에 속하기 때문이다.

심할 만큼 충분히 생생한 심상들을 머릿속에 가지고 있을 수 있다. 또한 다른 모든 대의를 위해서도 마찬가지다. 그러므로 모든 것이 강력한 형상의 문제가 된다. 대의에 관한 추상적인 전체 담론보다 그 대의에 더욱 잘 들어맞는 것은 이 심상, 즉 이 비전이니 말이다. 바로 여기에서, 『에티카』 4부 정리 14에서 예고하듯, 합리성에 관한 유일한 담론은 실패할 수밖에 없는 운명에 처하고 심상을 여전히 공유하지 않는 사람들에 대해서는 아무런 가능성도 갖지 못하게 될 것이다. 관념만으로는 무능력하다.

대의의 심상들이 그러한 효율성을 지니고 있다면, 그건 바로 정서의 모방이라는 정념의 기제를 움직이기 때문이다. '우리와 유사한 것으로서, 그것에 대해 우리가 아무런 정서도 느끼지 않는 것이 어떠한 정서로부터 변용을 받는다는 것을 우리가 표상한다는 그 유일한 사실에서, 바로 그 사실에 의해서, 우리는 유사한 정서로부터 변용을 받는다.'(『에티카』 3부 정리 27) '우리가 표상한다는 그 유일한 사실에서……'라고 했듯이 심상의 역할 또한 그러하다. 타인의 정서를 모방하기 위해 반드시 정말로 보아야 할 필요는 없다. 표상 속에서 보는 것만으로 충분하다. 그리고 우리가 그렇게 할 수 있다는 것은 확실하다. 외부 대상에 의해 한번 변용을 받은 육체는 반대되는 우발적 정서가 발생하여 그 흔적을 지워버릴 때까지—그래서 그것이 잊힐 때까지—그 흔적을 간직하고 다시 활성화하려는 속성을 지닌다. '만일 인간의 육체가 어떤 외부 육체의 본성을 포함하는 방식으로 변용된다면, 인간의 정신은 이 외부 육체가 그 존재나 현존을 배제하는 정서에 변용될 때까지는 그 외부 육체를 실제로 존재하는 것으로서나 현존하는 것으로서 응시할 것이다.(『에티카』 2부 정리 17) 따라서 '인간의 육체를 한번 변용한 외부 육체가 존재하지 않거나 현존하지 않더라도, 정신은 마치 그 육체가 현존하는 듯이 그것을 응시할 수 있을 것이다'(『에티카』 2부 정리 17 계). 사물의 현존 여부와 상관없이 사물의 변용에 의해 육체에 흔적이 남겨졌다는 사실만으로 육체가 산출해낸 '심적' 심상은 우리에게 그 사물을 '마치 현존하는 듯이' 보여준다. 이것이 바로 이 재구성된 현존이 우리를 변용할 수 있는 전권을 갖는 까닭이다. 그 점에서 사물의 유일한 (관념적) 관념은 할 수 있는 것이 거의 없다.

우리 눈앞에 현존하든, 표상으로 상기되든, 변용을 받은 타인은 자신의 정서와 비슷한 정서로 우리를 변용한다. 스피노자가 설명하기를, 그것은 하나의 변용이 변용되는 육체의 본성과 변용하는 육체의 본성을 자발적으로 포함하기 때문이다(『에티카』 2부 정리 16). 그 두 육체가 비슷한 구조를 지니고 있을 때 이 포함관계로부터 비롯되는 결과는, 변용되는 육체에 대한 우리의 재현이 말하자면 우리 안에서 그 정서를 재창조한다는 것이며, 이는 우리에게 그 정서를 재현한다는 유일한 사실에서 그러한 것이다. 바로 그럴 때 우리는 서로 공감한다. 이 공감의 괴로움은 모두 육체적 자동기제의 자발성에서 유래한다. '의식'은 아무런 관련도 없다.

확실히 정서의 모방은 특히 사회문제의 정념적 원동력이다. 그것은 공통 경험에 의한 개인들의 소통을 설정하는 데 가장 유력한 매개물 가운데 하나이기도 하다. 그럼에도 『에티카』 3부 정리 27의 진술은 면밀히 읽어볼 필요가 있다. '우리와 유사한 것으로서, 그것에 대해 우리가 아무런 정서도 느끼지 않는 것이 어떠한 정서로부터 변용을 받는다는 것을 우리가 표상한다는 그 유일한 사실에서…….'[59] 강조한 부분은 이 명제의 지위를 정확하게 설정하기 위한 결정적 조항이며, 어떤 면에서 실험용 언명인 셈인데, 완전히 알지 못하는 상대를 대면하고도 정말 완전히 아무런 정서도 갖지 않을 수 있을까? 분명히 그렇지 않다. 우선은 우리가 그 상대를 아주 단순하게, 구체적으로 인간적인 것으로 동일시하기 때문이며, 그다음으로는 우리가 즉각적으로 그 상대의 가장 기본적인 성질들을 인지하기 때문이다. 그 상대는 남자가 아니면 여자이고, 피부는 이 색이 아니면 저 색이고 등등, 이것만으로도 모든 상호변용 이전에 우리를 (사회적으로) 사전-변용하기에 충분하다. 스피노자가 우리에게 비현실성에 이를 정도로 '중립화된' 한 형식 아래 정서의 모방을 제시한 것은 의도적이며, 정확히

---

59   강조 표시는 내가 한 것.

는 그 기본적 기제 자체가 상황에 따라 변용될 수 있는 모든 변조 이후에 더 잘 작동하게 하려는 의도다. 사실 우리가 (기본적 정식^{原註}에서 '중립성'의 조항을 위반하고) 필연적으로 경험하는 정서들은 이런저런 의미에서 '중심적인' 기제를 왜곡하게 된다. 내가 좋아할 경우엔 확대의 의미에서이고, 내가 싫어할 경우엔 어쩌면 그와 반대되는 개념적 모방의 역전에 이를 정도로 축소의 의미에서다. 『에티카』 3부 정리 27을 올바르게 읽어보면, 사전 구성된 유사성의 상관관계에 의하여 정서들의 변조된 모방 기제가 우리에게 전달된다. 그것은 내가 이 타인과 비슷하다고 느끼는 정도가 가변적이라는 것이다. 또한 그 정도에 따라 나의 정념적 모방의 강도와 방향까지도 달라질 것이다.

유사성에 의한 공감

화가 난 임금노동자들이 경영주에게 책임을 돌리며 물리적으로 공격을 가한다. 사람들은 분명히 에어프랑스 인사부장의 셔츠가 찢긴 유명한 사건이나 굿이어의 경영자들이 감금되었던 사건을 떠올릴 것이다.[60] 이런 상황에서 택할 수 있는 입장에는 친연적이지만 대립되는 두 가지 입장이 있다. 이 두 입장은 정서적 모방이 작동하게 될 의미까지도 결정할 것이다. 처음에 사람들에

---

60   각각 2015년 10월과 2014년 1월에 발생한 사건들이다.

겐 폭행당한 한 사람만 보일 수 있다. 사건을 보는 시각이 더 멀리 닿지 않는 사람에게 눈앞의 사안은 빠르게 결론이 난다. '이러한 정서의 모방은 슬픔과 관련되어 있을 때 연민이라 불린다.'(『에티카』 3부 정리 27 주석) 우리는 고통받는 사람에게서 드러나는 슬픔에 의해 슬퍼지며 그를 동정한다. 다른 모든 고려 사항과 상관없이 '그의 편에서' 느낀다. 우리의 정서를 따라 이 소우주를 공유하는 것이다. 그건 한편으로 우리가 동정적으로 사랑하는 것이기도 하고, 다른 한편으론 우리가 미워하는 것이기도 하다. 왜냐하면 한편으로 미움이란 매우 일반적으로 '외부적 원인의 관념을 수반하는 슬픔'(『에티카』 3부 정리 13 주석)이기 때문이며, 다른 한편으론 우리에 의해 우리 안에서 모방된 피해자의 슬픔에, 다름 아닌 그 슬픔에 우리가 쉽게 영향을 받기 때문이다. 우리가 그 원인을 명백하게 '그들'이라고 표상하는 그런 슬픔 말이다.

친연성의 변조 효과에 의하여 이 모든 결과들은 확대된다. 그 사건 이전에 우리가 이미 정치적 공감에서, 고용의 실현자이자 창출자이며 사회적 효용성의 인물인 기업인에게 상상적으로 연결되어 있다면 말이다. 그에게 책임을 돌리는 것은 훨씬 더 불의한 일이 되는 것이다. 우리는 그 폭행당한 총칭적 인간 말고도, 특수한 성질을 지닌 인간을 본다. 물론 언제나 그렇듯이 그 성질은 어떤 하나의 관점에 지나지 않으며, 성질에 대해 판단하며 말을 하는 것은 우리의 인게니움이다. 왜냐하면 '각자는 자신의 정서에 따라 좋은 것과 나쁜 것, 더 좋은 것과 더 나쁜 것을 판단하기 때문이다'(『에티카』 3부 정리 51 주석). 판단하는 기질의 특수성을 투사적으로 표현하지 않는, 성질에 대한 인식과 판단은 없다. 그러므로 총칭적 공감에 이데올로기적 (상상적) 공감이 부가되고, 가해자들에 대한 미움은 배가된다.

반대되는 기질에서 사물에 대해 시선을 취한 그 순간부터 모든 것은 분명히 변한다. 어찌 되었든, 총칭적 공감이 있으리라는 것은 확실하다. 그것은 모방하는 육체적 자동기제의 효과다. 하지만 정념적 상황 전체는 유난히 더 대조적이다. 상상적 친연성의 새로운 관계가, 즉 이번에는 부정적 친연성의 관계가 그 고유한 정서를 부가하게 되기 때문이다. 여기서 사전에 구성된 사랑의 정서와 미움의 정서는 우리를 선험적으로 임금노동자들의 편에 두었다. 우리는 착취의 전령들을 미워한다. 우리는 임금노동자들이 스스로를 방어하는 모습을 본다. 그리고 우리는 우리가 그들과 같은 편에 있음을 잘 알고 있다. 인사 담당자는 아무리 폭행을 당했다 해도 미움의 대상일 뿐이다. 그런데 '자신이 미워하는 것이 슬픔으로 변용되는 것을 표상하는 사람은 기쁠 것이다'. 이 새로운 변조 아래서 모방이 작동하되 반대 방향으로 작동한다. '만약 우리가 어떠한 정서에 의해 변용을 받은, 우리와 유사한 것을 미워하는데, 그럴 경우 (3부 정리 23에 의해) 우리는 그 정서와 유사하지 않고 반대되는 정서에 의해 그것과 함께 변용을 받을 것이다.'(『에티카』 3부 정리 27 증명) 총칭적 공감은 이제 이데올로기적 (상상적) 반감과 타협해야 하며, 이러한 경우들에서 언제나 그러하듯이 사안은 가장 유력한 정서를 따라 결정된다 (『에티카』 4부 정리 7).

　이런 결과는 어떤 조건들에서 총칭적 공감에 어긋나게 될까? 직접적 이해관계를 지닌 임금노동자들은 그들이 탓하는 경영진이 이전에 어떤 점에서 그들을 슬프게 했으며 미움의 대상이 되었는지를 ─직접─ 알기에 좋은 위치에 놓여 있다. 그들 바로 곁에 있는 이들 역시 일상에서 매일 그들의 슬픔의 정서를 모방하고, 그에 대해 똑같은 정서적 결과와 함께 똑같은 원인을 표상한다. 그리고 멀리 떨어진 곳에 있지만 비슷한 상황을 살아가며 친연성의 관계가 직접적으로 구성되는 사람들 또한 마찬가지다. '이들은 우리와 유사한 이들이다.' 그러나 개인적으로나 사회적으로 멀리 떨어져 있는 다른 사람들은 어떠한가? 그런 이들은 그들의 인게니움의 성향에서부터 공감할 수밖에 없다. 인게니움의 성향이 호의적이라면 그렇다. 즉 다소 오랫동안 그 성향이 임금노동자가 처한 어려운 조건들, 즉 피고용자들이 언제든 대체될 수 있고 없어도 괜찮은 대상으로 전락하고 착취를 겪는 불의한 상황을 예민하게 느낄 수 있도록 (변용될 수 있도록 그리고 변용되도록) 그들을 만들어놓았다면 그렇다는 말이다. 만약 그렇지 않다면 어떨까? 그렇지 않을 경우엔 총칭적 공감, 즉 총칭적 인간에 대한 공감이 우세할 것이다. 총칭적 인간이란 말하자면 특정한 모든 성질과 무관하게 생각되는 인간으로, 그가 슬퍼진다면 그 슬퍼진 상태가 지각된 유일한 성질을 구성하며 이 성질은 우리를 필연적으로 슬프게 한다. 최악의 폭군을 사형에 처하는 광경조차도 하나의 반사작용처럼 이 총칭적 공감을 작동하게 하고 우리를 아무런 영향도 받지 않은 상태로 내버려두지 않는다. 발이 묶여 거꾸로 달린 무솔리니의 모습을 보기 이전에, 사람들은 발이 묶여 거꾸로 달린 한 사람의 모습을 본다. 이런 총칭적 공감은 ─ 거의 지각 불가능한, 극도로 일시적인 한순간에 불과할 수 있지만 ─ 어떤 다른 것이, 특히 폭정의 심상이 더해지는 바로 그때에야 멎는다. 물론 폭정의 피해자들이 폭정의 변용에 의해 흔적이 남은 그들의 육체에 지니고 있는 심상들과, 폭군의 단순한 심상과 연관되어 그들의 육체가 곧 상기할 심상들도 그러하다. '각자는 습관이 육체 안에서 사물의 심상들 사이에 잡아놓은 질서를 따라 하나의 사유에서 다른 사유로 옮겨 갈 것이다'라고 『에티카』 2부 정리 18의 주석은 말한다. 그리고 사유는 정신 속에서 육체의 변용과 같은 질서를 따라 서로 이어지며 연속된다(『에티카』 5부 정리 1). 하지만 이런 습관을 ─ 즉 사유들 사이에서 심상들을 연결하는 이런 방식을 ─ 습득하지 않은 다른 모든 이들을 위해서 ─ 그리고 심적 재현들의 결과로서 ─ 결핍된 심상들을 산출해야 할 것이다. 그들이 변용되어야만 한다면 말이다.

결핍된 심상을 복원할 것

바로 여기에서 가시성의 일반 경제에 관한 모든 정치적 관건들이 난입한다. 이 관건들은 가시성의 일반 경제의 왜곡, 시현의 불균등, 숨겨진 선택지에 연결된 것들이다. 큰 수로 제시된 표상들에 대한 선택권에 손을 얹고 있는 자는 누구인가? 알다시피 이 '누구'는 전혀 독특하지 않고 대체로 가공할 동질성을 지닌 것이다. 사람들은 미디어 시스템을 인정했고, 그것이 금융 권력의 지배 아래 있을 때는 더더욱 그러했다. 미디어 시스템의 특별함은 바로 그 심상들이 거짓된 진실이라는 것, 말하자면 그것이 재구성한 것들이 절단되어 있다는 것이다. 에어프랑스 인사 담당자와 조각난 셔츠의 심상이 그 자체로는 '진실된' 것이라 해도, 그 성향은 거기에서 은폐된 모든 것에 대해 거짓이다. 물론 인과관계의 연속을 절단하는 것은 이런 왜곡의 제1기법이다. 이런 기법은 원인 없는 악, 순수한 악, 그리하여 이해 불가능하고 그저 정죄하기에 알맞은 악을 볼거리로 제시한다. 불완전한 재구성은 총칭적 공감의 정서를 최대화하고 이 유일한 의미 안에서 자발적인 파벌 선택을 지휘하기 위해서 행해진다. 왜냐하면 불완전한 재구성은, 그 이전에 작동하여 해당 장면을 원인 없는 결과의 상태로 내버려두게 하는 특정한 결정들을 전혀 보여주지 않기 때문이다. 그런데 재구성의 한 담론의 힘이 심상들의 힘보다 절대 더 우월하지는 않을 것이다. 이미 담론의 관념들에 사전 변용된 사람들에 대해서가 아니라면 말이다. 절단된 심상들의 불균등한 시현에는 결핍된 심상들을 재창조하는 것 말고는 당장에는 다른 치유책이 없다. '에어프랑스' 에피소드가 절정에 이르렀을 때 한 임금노동자에 의한 경영자들에 대한 불심검문과 임금노동자들의 공공연한 경멸을 보여주는 또 다른 비디오가 갑작스레 등장한 것만으로 정념적 정세를 바꾸어놓기에 충분했다. 바로 이 순간에 사람들은 그들이 누구를 '상대했는지' 알게 되었다. 단번에 총칭성을 잃고 그들의 특정한—고약한—성질들로 복귀된 어떤 유형의 개인들을 상대했는지 알게 되었다는 것이다. 그때 은폐된 결정들의 전체 배경이 갑작스레 예감되면서, 결국 이 에피소드는 인과관계 없는 중지 상태에서 벗어난다.

자본주의의 통제 아래 있는 가시성의 일반 경제에서 임금노동자들의 모든 반항적 시위들은 이런 절단과 불완전한 시현의 위험에 체계적으로 노출된다. 특히나 사용자들에게 '폐를 끼치'게 되는 파업의 경우가 그러하다. 파업 중 사용자들에게는 이 '폐'의 배타적 정서에 맞서 싸우기로 결정하게 할 수 있는 것은 다른 아무것도 제공되지 않는다. 도상적인 재구성 작업이 필요하겠지만 미디어에서는 그럴 만한 시간도 없고 경향도 없다. 그럼에도 그렇게 밀고 나가야 할 것이다. 그리하여 사람들이, 즉 임금노동자들이 평온을 더 좋아하는 경우도 많고, 인도를 받을 때라야 움직이기 시작한다는, 분명히 투박하지만 토대가 확실한 직관에서 나온 전제로부터 시작해야 한다. 임금노동자들이 반복적으로 슬프게 되었고, 그 정서와 함께 그 슬픔의 원인에 관련된 관념을 형성했다면—코나투스의 반응 기제는 그에 맞서 결과들을 산출하는데('슬픔이 크면 클수록 인간은 그만큼 큰 활동 능력으로 슬픔을 쫓아버리려 노력할 것이다'[61])—통상적으로 말하기로는 그들이 (저항할, 파업을 시작할) '좋은 이유들'을 터득했다고 한다. 그러나 이 선행 변용들 중에 우리에게 제시된 것은 하나도 없다. 철도원의 구체적인 삶이 정말 어떠한지 어느 누구도 알지 못한다. 그의 기상 시간, 그의 주말 당직, 휴일 당직, 집에서 멀리 떨어진 곳에서 보내는 밤, 위협받는 그의 가정생활, 위계에 따른 괴롭힘 등 축적된 이 모든 것들을 아는 사람은 하나도 없다. 이것들은 때로 아주 오랜 세월에 걸쳐 축적된 것들이며, 억압과 지나친 유연화를 더 이상 견딜 수 없는 것으로 만들 것이며, 노동쟁의로 이어지는 길을 열어놓을 것이다. 심연 같은 무지無知를 측정하기 위해서는 살면서 내면의 운동을 겪었어야 한다. 내면의 운동은 외면에서는 무지의 대상이 되지만, 그럼에도 사람들은 그 무지로부터 내면의 운동을 판단한다. 그러므로 적합한 표상을 빼앗긴 구경꾼들에게는 파업이라는 유일한 심상만이, 그 '폐'의 정서들만이 남는다. 아마도 그럴 때 그들은 그들에겐 제1심상마저 결여된, 일주일에 걸

---

61   『에티카』 3부 정리 37 증명.

친 이 노동 조건들의 구체적 실험에도 저항하지 않을 것이다.

이런 심상들이 결여될 경우, 사회운동은 모두 그 실제 조건에 대한 이 무지에, 즉 사회운동을 결정짓는 원인들과 그 결과로 불가피하게 발생하는 기묘한 기분에 대한 이 무지에 부딪히게 되어 있다. 이 기묘함은 다른 것이 아니라 사회적 세계 자체의 기묘함이거나, 혹은 그 세계의 서로 다른 집단들의 서로에 대한 기묘함이다. 그 집단들은 상호 간의 조건들에 대한 무지 속에서 살고 있으며, 때로는 상호 간의 방식들에 대한 혐오 속에서 살아간다. 또한 부르디외가 『세계의 비참』의 결론에서 내세우는 스피노자식 '이해'[62]의 첫 단계 전체는 필연적으로 단순한 보기를 통하여 이루어지며, 이는 바라본 사물에 대해 스스로를 변용 가능하도록 만들기 위한 것이다. 그런데 부르디외의 이런 발언이 '충분히 오랫동안 바라본다면 모든 것이 흥미롭다'라는 플로베르의 유명한 글귀 아래 놓여 있다는 것은 우연이 아니다. 그러므로 현장보도나 사진, 다큐멘터리의 정치적 파급력을 과대평가하기란 불가능하다. 이 모든 보여주기의 기술은 바로 그러한 이유로 변용하는 기제이기도 하다. 사람들은 파업과 반란을 일으키게끔 결정짓는 인과성의 작동을, 즉 오랜 시간 축적되어 어느 날엔가 폭발할 수준에까지 이르게 된 슬픔의 변용들을—심상으로—보았

---

62   피에르 부르디외, 「이해Comprendre」, 부르디외 편, 『세계의 비참』, p. 903-939.

을 때라야 파업을 이해하고 저항을 이해한다. 그리고 사람들이 본 이 심상들은 육체적인 경우가 더 많았던 만큼 육체적 흔적으로 남을 수 있으며, 그러하기에 지속적이고 생생한 표상을 지탱할 수 있다. 이런 표상은 사물을 형상화하고 그로부터 새로이 변용되는 데 더 적은 것을 필요로 할 것이다.[63] 처음엔 없어선 안 되었던 심상들은 나중엔 덜 필수적인 것이 되고, 이제는 어떤 습관을 따라(『에티카』 2부 정리 18 주석) 관념들에 연결되어 있거나, 혹은 말하자면 그것들의 특징적인 기호들에 ─글로 쓰인 텍스트에, 표명된 담론에(거짓 증거들에 맞서 이 담론들이 육체의 변용이라는 점을 상기해야 한다)─ 연결되어 있다. 그러하기에 이것들은 심상의 연쇄를 작동시키고 곧이어 모든 변용 권력을 재작동시키기에 충분하다. 이 보여주기를 통해, 결핍된 심상들을 추가함으로써, 육체는 새로운 주름들을, 새로운 성향들을 획득했다. 그리고 능력 없는 관념들은 이제 정서를 탑재하게 되었다. 능력을 갖추게 된 것이다.

보도록 강제할 것

사람들은 담론이 전적으로 궁핍하지도 않고 전적으로 무능하지도 않다고 말하게 될까? 틀림없이 그렇다. 담론은 변용하는 무기

---

63   이 책의 p. 201 이하 「'논리적 봉기'의 변용가능성」을 참조하라.

를 지니고 있으니, 그것은 바로 문체다. 문체는 다른 게 아니라, 심상을 소환하는 하나의 권력이다. 『에티카』 2부 정리 18 주석에서 언급하는 로마인이 포뭄[사과]이라는 단어의 소리를 해당 과일의 표상에 연결하게 되는 것과 같다. 마찬가지로 글쓰기는 당연한 권리로서 표상의 기술의 영역에 해당한다. 이 기술은 표상하게 하는 변용의 기술이다. 단어는 사물의 심상에 연결되고, 때로는 단순한 심상보다는 심상들 사이를 연결하는 심상들의 조합에 연결되기도 한다. 그리고 이것들이 바로 말이 우리 눈 아래 펼쳐 놓는 전체적 세계들이다. 사람들은 에밀 졸라의 『제르미날』이나 마르크스의 저작 가운데 어떤 단락들을 읽고, 노동의 조건을 본다. 이것이 위대한 문장가의 능력이다. 그런 문장가는 읽는 이를 건드린다. 즉 연쇄적으로 연결하는 자신의 추론 능력을 통해 변용하는 것이다. 아리스토텔레스가 『수사학』을 쓴 것도 이와 같은 의도에서가 아니었던가? 사실상, 언어에는 변용하는 권력(능력)이 있고, 그 효과는 '설득'이라 불린다는 게 그 증거다. '청중이 담론에 의해 인도되어 하나의 정념을 경험하게 될 때 청중은 설득된 것이다.'[64] 말에는—거의 물리학적인 의미에서—공명 능력이 있다. 듣는 이를 전율하게 만들 수 있는 능력 말이다.

조지 오웰이 『위건 부두로 가는 길』에서 몰두한 일이 바로 이

---

64   아리스토텔레스, 『수사학Rhétorique』, 파리, 플라마리옹Flammarion, 2007, 1권, 2장, 1356a10.

것이다. 오웰은 소비자를 그가 즐기는 데 만족하는 재화에 관하여 거짓된 고요 속에 머물도록 남겨두는 변용의 결핍 상태를 채우려는 아주 명백한 비판적인 정치적 의도를 가지고 있었다. 오웰이 바라는 것은 소비자가 전혀 볼 기회가 없는 것들, 즉 상품들이 생산된 조건을 보여줌으로써 소비자를 뒤흔들어놓는 것이다. 그의 책을 읽고 난 독자는 더 이상 자신이 알지 못한다고 말할 수 없을 것이다. 사회학적 이야기 서술의 능력을 통해 이제 모든 것이 눈앞에 놓여 있는 것이다. 단지 광부들의―경험 가능한―노동조건만이 아니라, 그들이 땅속에 있지 않을 때도 겪어야 하는 비참한 삶의 조건까지도 눈앞에 펼쳐진다. 소비자는 난방과 전기를 즐겨 사용하면서도, 그 즐거움의 이면으로 넘어가보려는 욕망은 조금도 지니고 있지 않다. 지극한 행복이란 거의 의문의 여지가 없는 것이기 때문이다. 오웰은 소비자에게 그가 즐기는 모든 것의 흉측한 반대급부를 보여주면서 그 즐거움의 이면으로 건너가려는 욕망을 강제한다. 소비자는 더 이상 자신이 어떠한 조건 속에서 누군가에게 빚지고 있음을 무시할 수 없게 된다. 그리고 그것은 어느 누구도―가장 '의식화된' 자들도―아무런 손상도 입지 않은 채로는 벗어날 수 없는 결과로의 암묵적인 초대다.

이런 압박에 대응하는 방식은 많다. 첫째는 빨리 잊는 것이다. 기쁨을 찾고 슬픔을 멀리하는 코나투스의 육체적 성향과 정신적 성향에 의지할 수 있는 방법이다. '정신은 육체의 활동 능력을 늘리거나 돕는 것을 표상하려고 노력한다.'(『에티카』 3부 정리 12) '정신은 육체의 활동 능력을 줄이거나 막는 것을 표상할 때 그것의 존재를 배제하려는 것들을 떠올리려고 할 수 있는 한 노력한다.'(『에티카』 3부 정리 13) 자신의 고유한 사유에 대한 정신의 의식적이고 의지적인 통제 질서에서 나왔을 것은 무엇이든 보려고 하지 말자. 그런 것들 중에 자신의 역량 범위 안에 드는 것은 아무것도 없다. 사유하거나 사유하지 않는 것은 정신의 권력에 속하지 않는다. 사유나 비사유는 정신 안에서 (정신에 의해서) 산출될 뿐이다. 스피노자는 슐러에게 이렇게 설명한다. '나는 내가 나 자신 안에서 절대적 능력을 가지고 이 사유를 멈출 수 있음을 부정한다. 나는 쓰고 싶기도 하고 쓰고 싶지 않기도 하다.'[65] 정신이 사유한다면, 그건 이를테면, 동시에 정신을 이끌어 관념에 연결하는 육체의 변용에 상호 연관되어, 사유하도록 결정되었기 때문이다. 하지만 정신 그 자체는 '의지대로' 사유의 산출을 조종하는 우월한 능력을 전혀 소유하고 있지 않다. 기억을 다시 떠올리는 데 실패하는 것이야말로, 흘러가는 사유의 재현이 제대로 작동되지 않는다는 경험의 전형이다. 이는 곧 정신이 자신의 고유한 산출물에 대해 주권적으로 조종하는 활동이 제대로 작동되

65   스피노자, 『정치 논고, 서한Traité politique, Lettres』, 샤를 오쀙Charles Appuhn 역, 파리, 플라마리옹, 1966, 서한 58.

지 않는다는 것이다. 사람들은―이 이름, 이 물건, 이 단어를―사유하기에 이르고자 한다. 하지만 사유에 도달하지 못한다. 그건 관념들의 확정된 연결 관계가 다른 방향으로 이끌고 가기 때문이다. 그리고 마찬가지로, 사람들은 잊어버리는 것 또한 정신의 권력에 속해 있지 않음을 완벽하게 알고 있다. 잊히기도 하고, 혹은 잊히지 않기도 하는 것이다. 이는 잊어야 할 것에 연결된 정서의 반격에 이르거나 이르지 못하는 데 새로운 정서의 결과의 지배를 받지만(『에티카』 4부 정리 7, 『에티카』 2부 정리 17), 어떤 경우에든 자유 결정에 의한 양태를 지배한다. 회상에 성공할 때나 망각에 성공할 때 정신은 자신의 능력을 행동으로 입증하는 일(유일하게 가능한 일)을 완수하는 것이다. 정신이 실제로 하는 일에서 정신이 할 수 있는 일을 정확하게 알 수 있는 법이다.

하여간 『에티카』 3부 정리 13에서는 자신을 슬프게 하는 (그리하여 육체의 활동 능력을 줄이는) 것들에 대한 관념을 멀리하기 위한 정신의 자발적 노력이 발휘된다고 말한다. 그러한 노력은 때로 성공의 관을 쓰기도 한다. 이는, 선례들과 마찬가지로, 문제적인 소여들을 심적으로 은폐함으로써 생기는 인지적 부조화의 감소가, 돌출된 어떤 주권적 의식에서 전적으로 벗어난다 해도 그러하다. 그런 의식이 존재한다면, 그건 의지적 망각의 고전적 아포리아 속에 뒤엉켜 있을 것이다. 망각의 명령에 집중하면 나는 다만 잊어야 할 것을 생각하게 될 뿐이다. 그러므로 상업적 기쁨을 해치는 정치적 대립에 대한 반감의 정서는, 능력이 충분하기만 하다면, 그런 불만을 더 이상 보지 않도록 결정할 것이다. 그리고 실제로 주체는 보고 싶지 않은 것을 더 이상 보지 않을 것이다.

거북한 심상들을 감수할 것

상업적 기쁨이 경감되는 것이 용인되지 않는 그런 이들에게는 듣는 것이 가능하다. 그들 안에서 상업적 기쁨의 정서들이 반대 성향과 마주치는 일도 없이 군림하는 이들에게는 '다른 곳을 본다'는 것이 가능하다. 그 대가로 그들이 대상을 획득하는 조건들의 시현이 아마도 곧바로 그들을 변용하겠지만, 지속되는 흔적을 남기지는 않을 것이다. 그런데 그 밖의 다른 이들에 대해서는 어떠할까? 그들은 이미 정치적 비판의 주름을 지니고 있다. 그리고 '그것을 사유하지 않는 것'은 그들 정신의 권력 바깥의 일이다. 그러나 그들의 관념은 그들이 획득한 주름의 특수한 형태를 따라 이런저런 방향으로 서로 연결된다. 즉각적 행동을 원하는 이들은 국지적인 길을 택할 것이다. 삶의 양태를 보다 검소한 소비를 중심으로 재조직함으로써, 자신이 생각하는 것 안에서 인격적인 일관성을 이루어 살아가는 것이다. 하지만 소비를 줄인다 해도, 소비된 것이 여전히 그 자체로는 변함없는 자본주의적 착취의 조건 안에 있다는 사실은 막을 수 없다. 특정한 상표가 없고 가격이 저렴한 옷들은 '소박한' 외부 기준에는 상응하지만 단지 검소한 소비자의 '윤리적' 세심증은 표면적으로 충족시킬 따름이다. 아마 그 반대도 마찬가지일 것이다. 그러한 가격의 그러한 물건은 신자유주의적 세계화의 가장 야만적인 기제를 작동시키는 조건들 속에서 생산되고 유통되었을 가능성이 아주 높다. 그것은 명백하게 탈^脫지방화의 모든 경로를 거친 물건이다. 그것은 가장 난폭한 경쟁 세력들을 싸움 붙여놓은 물건이며, 또한 과도하게 착취당하고 가장 기본적인 권리마저 빼앗긴 불안정한 노동자들의 나라에서 생산된 물건이다. 이건 역설이다. '소박한' 물건일수록 더 많은 착취를 드러낸다. 이것이 바로 신자유주의의 치명적인 일관성이다. 그것은 임금노동자들을 과도하게 불안정하게 만들고, 그렇게 함으로써 기본적인 소비를 위해 가격을 가장 낮게 맞추는 최악의 거대 유통 할인점에 가는 것 말고는 다른 선택권을 남겨두지 않는다. 바로 그렇게 함으로써 신자유주의적 불안정화의 모든 구조적 기제가 갱신된다.

불안정해진 프롤레타리아든, '윤리적' 도시 소비자든 누구도 이러한 숙명에서 벗어나지 못한다. 냉혹한 자체 논리를 강요하는 구조는 개인보다 더 강하다. 구조는 자체적 논리와 일관성에 따라 가능한 선택지들을 전반적으로 결정짓는다. 프롤레타리아는 자신의 조건에 따른 물질적 필요에 의해 짓눌린다. 거기서 벗어날 수 있다고 믿는 '윤리적' 도시 소비자는 자신이 체계적으로 다시 붙잡힌다는 것을 보지 못한다. 생산 조건들이 통제되는 매우 특정한 경로를 통해—AMAP[66], 짧은 유통[67], 공정 거래(사람들이 자신의 실제 '공정성'의 정도를 확신할 수 있고, 또한 특정한 물건들에 대한 접근만을 가능하게 하는 추가 비용에 대해서는 눈을 감는다고 하면 정말 공정한 거래다)—자신의 소비를 재편성할 가능성이 있을지 모르지만, 이런 재편성은 현재로선 매우 부분적일 뿐이다. 도시 소비자는 자본주의적 노동 분업 구조가 자신의 개인적 의지론보다 더욱 강하며, 자신에게도 강요된다는 사실을 재발견하게 될 뿐이다. 우리의 물질적 실존에 기본이 되는 물건들을 자본주의의 상업적 경로에서 찾는 것 말고는 우리에게는 다른 선택지가 거의 없으며, 그건 당연히 그럴 수밖에 없다. 자본주의는 집합적인 물질적 재생산에서 주어지는 것들을 모두 빼앗고, 우리에게 그 (자신의) 편집 방식을 강요한다. 자본주의의 관계들은 어디서나 군림하고, 사람들이 가장 덜 위험한 것들이라고 믿을 정도로 모든 자본주의적 관행들을 침투시키며, 그럼으로써 완전한 일관성의 추구를 불가능하게 만든다. '바 데자미Bar des amis'[68]에서나 우리가 아주 편안하고 정겨운 곳이라 여기는 동네 카페에서나, 고용주와 피고용인들 사이의 실제 사회적 관계들이 어떠한지를 너무 가까

---

66   농부농업유지협회Association pour le Maintien d'une Agriculture Paysanne는 지역 지지형 농업 단체다.(옮긴이)

67   짧은 유통circuits courts이란 농산물 생산자와 소비자 사이에 한 번의 중개 거래만을 두는 유통 방식이다.(옮긴이)

68   주류와 식사를 제공하는 벨기에의 레스토랑 체인.(옮긴이)

이 들여다보지 않는 것이 더 나으리란 건 틀림없는 사실이다. 생산/유통의 통제—인증된 경로들의 바깥에 있는, 유일하게 일관된 해결책은 우리 스스로 재화를 생산하는 것일지 모른다. 하지만 정확히 말하자면, 여러 세기에 걸친 노동 분업 때문에 우리는 그렇게 할 수 없게 되었다! 그리고 우리가 틀림없이 어떤 무능력에 대한 재검토를 고려할 수는 있다 해도, 모든 무능력을 재검토할 수는 없다. 하지만 물질적 삶에 대한 우리의 기준을 바닥에서부터 개조하는 것을 수용할 가능성은 있을 수 있다. 바로 여기에 욕망의 문제가 있다! 자본주의로부터 벗어날 가능성을 생각하는 것이라면, 욕망의 문제는 참으로 결정적인 문제다.

한편으로 이와 같이 말하는 것은 『위건 부두로 가는 길』의 일관된 독자에게 제공되는 또 다른 길, 즉 정치적 길을 알려준다. '다른 곳을 바라보기'의 정념적 불가능성에 의해 제기된 일관성의 문제에 대한 개인적이고, 국지적이고, '윤리적인' 반응들은 비일관성에 이르거나, 극도로 부분적인 상태로 머물거나, 혹은 소박한 신성함 안에서 기적적인 도약을 요청하게 되어 있다. 또 다른 길, 즉 정치적인 길은 행동의 모범을 통해 자본주의적 노동 분업의 구조를 가리는 덮개에 맞서 홀로 싸워야 하는 개인들의 도덕적 부담을 덜어준다. 그리고 거시적 구조에 맞설 수 있는 것은 하나의 거시적 정치 행위밖에 없다고 간주한다. 그러므로 분산된 개인들의 '윤리적 저항'이 필요한 것이 아니라, 다수의 사람들을 불러들이기 위해 만들어진, 구조의 정치적 변형 문제를 명백하게 제기하는 정치적 프로젝트가 필요하다. 소비자와 생산자 각각의 분리를 재론하는 것은, '각각'이라는 말에서 생각되는 것 같은 인격적인 '윤리'의 문제나 개인적인 개선의 문제가 아니다. 그것은 근본적으로 집합적이고 구조적인 문제이며, 따라서 정치적인 문제이다. 그것은 무엇보다도, 가치를 다른 방식으로 드러내는 국지적 실험들에 또 다른 시선을 던지는 것이다. 실제로 이 실험들은 가능한 혁신, 행동하는 새로운 방식의 광경을 행동으로 제시한다. 정치의 원의는, 각자 자신의 의식을 가지고 자신의 편에서 싸우는 개인들에게 제공된 '윤리적 해결책'이라는 위상으로부터 이 실험들을 끄집어내, 전체 구조를 변형시키는 하나의 프로젝트 안으로 포괄하는 것이다.

그러므로 각자는 자기 인게니움의 주름들을 따라 이 길이나 저 길로 접어들게 될 것이다. 우선은 의지적이지 않고 정서적으로('인게니움적으로') 결정된 맹목성의 길이 있다. 맹목성은 예속성보다 결코 더 의지적이지 않다. 맹목성은 예속성과 마찬가지로, 정신의 의식적 통제 바깥에서 활동하는 특수한 정념적 기질들에 의해 허용되고, 산출되기까지 한다. 그러므로 맹목성은 가능한 첫 번째 정념적 경향처럼 육체에 반대되지 않는 것을 사유하려는 정신의 의욕적 노력을 산출한다. 그다음에는 스스로에 대한 '윤리적 개혁'의 길이 있다. 이 개혁은 즉각적으로 촉지 가능한 결과들에 대한 욕망에서 발생하여 자기 주변의 짧은 범위 내에서 행동을 결정한다. 그리고 마지막으로, 사람들이 즐기는 것과, 사람들이 전체적인 정치적 문제로서 그것을 즐기고 있음을 아는 조건 사이에서 적절히 조절해야 할 긴장을 재연하는 길이 있다. 바로 이 마지막 길에서 생산 조건들의 심상들을 꾸준히 산출하라는 명령이 나온다. 이는 보려고 하지 않는 이들을 보게끔 강제하려는 것인 동시에 그 결과로부터 정치적 욕망을 대규모로 유발하기까지 바람직하지 못한 것들을 보여주려는 것이다. 그런데 그 결과는 주지의 긴장으로 시작되어, 곧이어 잘 자리 잡은, 무엇보다도 확고하게 자리 잡은 (정치적) 문제로 변형된다. 즉 그 문제로부터 비켜나는 것은 불가능해진다. 이제 그것은 획득되었으며, 우리 가운데 있고, 우리는 거기에서 벗어날 수 없다.

추상작용의 정부

어떤 사람들에게는 상황을 변화시키기 위한 심상이 결핍되어 있고, 또 다른 이들에게는 바로 그 심상의 결핍이 상황을 유지하는 데 도움을 주기도 한다. 상황을 말할 때 덜 기능주의적인 총체성 안에서 말할 수도 있다. 거대한 숫자들의 정부, 겹겹이 쌓인 제도들의 복잡성, (사적 분야와 마찬가지로 공공 분야에서의) 행정 업무 분업의 심화 때문에 필연적으로 인지적 도구들의 매개를 통하지 않고는, 특히 통계를 통하지 않고는, 과두정은 피통치자들(시민들 및 임금노동자들)과 더 이상 접촉하지 않게 된다. 다시 말해, 피통치자들의 삶을 사람들이 그들에게 만들어준 그대로 구체적으로 보는 데 따르는 변용들과 관계를 끊게 되는 것이다. 그렇다면, 방해하는 비전들에 의해 더 이상 흩트러지지 않을 이데올로기적 정념에 더 잘 몰두하기 위해서는 더 이상 그들을 보지 않는 것보다 실제로 더 나은 것이 무엇이겠는가? 눈에서 멀어진 정부는 다른 방식으로, 즉 추상작용들의 중개를 통해서 피통치자들을 장악한다. 물론 정부는 추상작용에 적합한 현실감 상실을 이용한다. 구체적 상황은 단지 그 중간치에서 응집되기만 하는 것이 아니라, 경우에 따라서는 하위 집단들에 의해 이완되기도 한다. 또한 사실에 의해서 구체성이 제거되고, 그리하여 변용할 수 있는 모든 권력을 빼앗긴다. 그건 하나의 통념이 되었지만 토대는 확실하다. 인간적 삶은 비율과 곡선과 그래프 속에서 철저하게 사라져 간다. 그로부터 분노의 횃불이 타올라 매우 정기적으로 통치자들을 놀라게 한다. 더 이상 현실적인 삶에 대한 최소한의 시선조차 없는 그들에게는 더 이상 현실적인 정념적 역동에 대한 최소한의 관념도 없다. 그러므로 통치하는 추상작용들이 구성적으로 무능하여 재생할 수 없는 모든 것은—현실조차도—난폭하게 귀환한다.

짚고 넘어가는 게 좋을 거 같은데, 정부의 우주에 변용들이 없다는 말은 아니다. 실제로는 그것보다 더 나쁜 상태다. 즉 정부의 우주는 다른 변용들, 변용의 대체물들로 가득 채워져 있다. 그건 추상작용들의 세계가 ─구축에 의하여─ 서로 알아보는 관료들을 그들의 특정한 성향에 따라 (관료제적) 추상작용들로 나아가게끔 움직이게 할 수 있다는 것이다. 과학의 관념들에 대한 변용가능성이 계발되는 과학 영역에서는 과학의 참된 관념이 변용할 수 있는 권력을 가지고 있는 것과 마찬가지로, 관료제 영역에서는 통계적 추상작용이 개인들을 동요시킬 수 있는 권력을 가지고 있다. 개인들이 통계적 추상작용의 정부에 정념적으로 연루되어 있기 때문이다. 정부 예산의 적자가 그 한계(3%……)를 초과했다는 발표는, 어떤 인간적 경험과도 아무런 관련이 없으며 본래부터 형상이 없는 사건이긴 하다. 하지만 그렇다고 해서, 전적으로 추상적인 이 신호를 받아들이기에 적절한 성향을 갖게 된 개인들의 주변에 진짜 불안의 씨를 뿌려놓을 수 있는 권력이 더 적은 것도 아니다. 흔히 그러하듯이, 불완전한 통계 때문에, 몇 달이 지난 뒤에 사실은 그 한계가 초과된 적이 없으며 말 그대로 사람들이 아무것도 아닌 것 때문에 불안해했다는 것을 알려주는 수정된 발표가 나온다 해도, 상황의 기묘함은 절대 드러나지 않는다. 하지만 그런 건 아무래도 상관없다. 그러는 사이에 '그 결과에 따라' 변용을 받을 수 있는 것은 모두 변용을 받았고, 반응하였으며, 때로는 초과 반응하기도 했으니 말이다. (순수하게 정보에 관련한 변용가능성이 가장 높은 곳들 가운데 하나인) 금융시장은 붕괴되었고, 경제정책에는 한층 더 엄격한 규제가 추가적으로 가해졌으며…… 그리고 진짜 현실적인 현실은 무無로부터 산출되었다.

그럼에도 추상작용의 정부는 변양된 변용들의 정권의 거품 안에 그냥 머물지만은 않는다. 정부는 피통치자들이 거품 안으로 들어가게 만들고자 애를 쓴다. 바로 이 점을 상당히 논리적으로 인정할 필요가 있다. 실제로, 피통치자들을 규격화하는 데, 피통치자들이 통치자들의 변용을 공유하게 만드는 것보다 더 좋은 방법이 있을까? 마찬가지로, 예를 들어, 공공 부채에 관한 문제는 그것을 주민의 변용 안으로 들어가게 만들 선전의 강렬한 작업의 대상을 만들어낸다. 그 문제는 선험적으로 철저하게 모든 경험에 생소하기에 주민의 변용 안에서 자발적으로 성립될 가능성이 전혀 없었다. 정부의 정념적 행동주의가 비판적 행동주의와 똑같은 기법들에 의지한다는 것은 매우 의미심장하다. 정부는 변용 기제들을 혼자 힘으로 조립한다. 미국에서 볼 수 있는 부채계산기 전광판 같은 것 말이다. 미국에서는 더욱 잘 '정신을 때리기'(육체에 강한 인상을 남기기) 위해, '미쳐버린', 아니 오히려 사람들을 미치게 만드는, 부채의 증가량을 열네 자리로 구성된 게시판에다 표시하고 실시간으로 갱신한다. 정부가 이런 종류의 연출에 몰두하지 않을 때는 모든 사회적 권위들, 다시 말해 상징적 자본의 전달자들을 가능한 한 모두 동원한다. 경제학자나 대학

교수처럼 전문 직함을 갖추고 '부채 교육학'을 담당하는 이들 말이다. 그리고 현학적인 학자들은 온갖 미디어에 계속 등장해서 변용의 메타 기제들의 능력에 대학의 권위, 공인된 '전문가'의 권위, '과학'의 권위 등 그들의 사회적 권위의 능력을 부가한다. 경제학자들은 서슴없이 과학을 이용하니 말이다. 거기에서도 역시, 인정받는 권위의 기존 정서에 의해 확대된 정서의 모방으로 작전이 이루어진다. 논의의 여지가 없는 가장 분명한 전문가 직함을 가진 이가 텔레비전에 출연하여 부채에 대해 이야기하는 동안 내내 불안한 얼굴을 드러낸다면, 어떻게 불안이 확산되지 않을 수 있겠는가? 지진학자가 근심으로 초췌해진 모습을 하고서 우리 발밑에서 땅바닥이 벌어질 지경에 이르렀다고 발표한다면, 내가 불안해지지 않겠는가? 그들은 걱정하는 듯 보임으로써 우리를 걱정하게 만든다.

피통치자들을 통치자들처럼 사유하게 만들 것

그리고 그중에서도 가장 훌륭한 점은 바로 그것이 제대로 작동한다는 것이다. 수년간의 '교육'으로 가장한 전문적인 집중 선전, 수년간의 야단스러운 공식 보고는 수많은 캠페인, 닥쳐올(보여줄) 재난에 대한 묘사, 걱정하는 전문가들의 얼굴, 작성된 지표들처럼 그 효과를 산출함으로써 끝이 났다. 완전히 추상적인 '부채'의 관념은 단절 없이 이 모든 기제들에 의해 대체됨으로써 변용할 힘을 획득했다. 실제로 이제 그에 대해 걱정하는 사람들이 점점 더 많아지고 있으며, 이는 변용의 기술로서 정치가 지닌 능력을 인상적으로 입증한다. 하나의 캠페인은 새로운 주름을 만들 수 있다. 사람들의 삶에 전혀 속하지 않는 어떤 것, 그들의 공통된 경험에 전적으로 생소한 어떤 것에 대한 새로운 변용가능성을 사람들의 삶 속에 들여놓을 수 있다는 것이다. 그 뒤로, 그들이 60%, 90% 하는 부채 비율의 추상작용을 들을 때는 그들 역시 불안을 품게 된다. 그러므로 이제 관료제 영역과 전혀 무관한 사람들이 부채에 대해 그런 성향을 취하고, 근엄하고 거들먹거리는 태도를 취하는 모습을 보게 된다. 그들은 추상작용이 문제가될 때는 추상작용의 인간이 근심하듯이 근심한다. 이제 완전히 개인적인 것이 된 근심으로 근심하는 것이다. 부채는 이제 그들의 문제이고, 자칫하면 그들은 잠을 이루지 못할지도 모른다. 하지만 이게 다 그들이 살아가는 것과는 전혀 무관한 것 때문이다.

물론 하나의 경제적 추상작용을 개인적인 걱정거리로 변환하는 이 기제는 모든 사회학적 변조에도 제공된다. 전문가와의 상상적 동일시는 개인이 이미 어떤 학문적 자본을 가지고 있으면 그만큼 더 큰 힘을 발휘하며, 그가 스스로를 준전문가로, 즉 사전에 이미 권위가 주어진 화자로 여길 정도까지 영향을 끼친다. 이런 인물은 추상작용들을 염려하는 능력을 통하여 자신의 사회적 차별성을 드러내는데, 이는 어떤 인물 유형의 표지, 정확히 말하자면, 일상적 삶의 평범한 경험들에 비해 한층 더 높이 올라간 어떤 시각의 높이를 나타내는 징후가 되는 소질 유형이다. 또한 준전문가의 근엄한 낯빛을 띤 사람은 자신이 일상의 변용들을 넘어설 수 있으므로 모두를 위한 염려의 수준에 올라설 수 있음을 증명하려는 욕망에 이끌린다. 통치하는 추상작용들에 대한 염려야말로 모두를 위한 염려의 고유한 표지이다. 정서의 전염을 통해 모방된 단순한 '부채의 공포'로부터 변용된 개인적 우려에까지 이르는 단계적 범위는, 단순한 경험으로는 형성할 수 없는 새로운 변용가능성을 인게니움 안에 들여놓기 위해 부채의 정치가 변용하여 작동시킬 수 있는 정념적 원동력만큼 폭이 넓다.

그러므로 정부 쪽 변용의 기술은 통치자들의 견해를 피통치자들이 공유하게 하고, 피통치자들을 통치자들처럼 사유하게 만들며, 그리하여 피통치자들의 육체에는 통치자들의 주름을, 피통치자들의 머리에는 통치자들의 문제를 집어넣는다. 이 문제는 자발적으로는 피통치자들의 실존 속에 존재하지 않는다. 그건 콜럼버스의 달걀만큼이나 단순했다! 통치자들의 기질을 따라 피통치자들의 기질을 개조하는 것이 통치자들의 안녕이라는 목적을 위해서는 가장 좋은 수단이 아니겠는가? 이 사안의 가장 잔인한 아이러니는, 개인들이 전체의 시각을 취할 수도 있다는 사실에 매우 바람직한 것이라곤 원칙적으로 아무것도 없다는 데서 기인한다. 그럼에도 전체의 시각을 취하는 것이야말로 자신의 국지성의 특수주의를 넘어설 수 있는 능력과 같은 정치적 에토스의 고유한 특성이다. 이는 숙고의 대상으로서 공통된 운명을 포용하기 위한 것이며, 다른 말로 하자면, 사람들이 보고 부분적으로 자기와 비슷한 점을 발견하는 공공의 수준으로 자신의 생각을 끌어올리기 위한 것이다. 하지만 피통치자들이 통치자들의 시점을 취하게 만드는 데 이점만 있는 건 아니라고 말할 것인가? 현실적으로, 전체의 시점을 부분들이 나누어 갖게 하는 것보다는 수탈자들의 시점을 피수탈자들이 갖게 하자는 제안이 완전히 고결하며 완전히 정직하다고 확신할 수는 없다. 이를 파악하려면 분리된 정부라는 것이 수탈의 제도라는 점을 또다시 기억해야 한다. 개인들이 전체의 수준으로 스스로를 끌어올리도록 권하는 일은 그 자체로 훌륭한 일이다. 하지만 국가의 사유, 통치하는 사유의 문제들 안으로 흘러들게 하는 초대의 특정한 형식을 취하는 순간, 치명적으로 변질되고 만다. 통치자들의 시점은 단지 전체에 대한 시점을 매우 특정한 방식으로 실현한 것일 뿐이다. 그것은 통치자들의 시점이 아니라 자동 통치되는 이들의 관점이라는 조건에서만, 그 정치적 목적에 완전히 부합된다.

이로부터 우리는 통치자들이 커다란 욕망을 지니고 있지 않다고 이해하게 된다. 그들은 또한 문제에 대한 그들의 정의를 고집스레 피통치자들에게 넘겨주려 한다. 어쩌면 통치자들은 피통치자들의 기질을 개조하여 그들이 그들 자신의 직접 경험보다는 정부의 추상작용에 한층 더 호응하기를 바라는 희망을 품고 있을 것이다. 이 궁극의 목적은 의심할 바 없이 전적으로 모든 사회적 범주에 접근 가능하다. 예를 들어, 정부 전문가들에 대한 동일시 게임을 하기에, 그리고 그들의 문제 안에서 공감하기에 사회적으로 가장 잘 맞는 성향을 지닌 개인들은, 통치하는 추상작용의 변용이 그들의 평범한 물질적 삶의 변용에 가장 적게 모순되는 개인들이다. 그들은 운이 좋은 편이라서 아마도 모아놓은 돈이 좀 있을 것이고, 그 돈으로 국채에 투자했을 것이며…… 그래서 눈에 띄게 하나로 수렴되는 정서들의 영향 아래 있다. 게다가 부채에 대한 총론적 담론은 그들의 물질적 이윤의 시의적절한 방어막을 제공하는 속성까지 지니고 있다. 훨씬 더 모순되는 형상들이 언제나 그렇듯 여러 정서들의 상대적인 균형에 따라 등장할 수 있다 해도 그러하다. 우리가 보았듯이, 이 형세들이 어떤 정서들을 실제로 그들의 물질적 이윤을 직접 해하려고 실행되는 추상작용들로 변환하는 데 이를 수 있다 해도 말이다.

정부 추상작용의 방화벽(절대로 보지 않기)

그만큼 추상작용은 정서를 감당할 수 있으며, 본래 아무리 이상적이라 해도, 결과를 산출할 수 있다. 우선은 관료제 영역 안에서 그러하지만, 변용 기술의 과정들에 의해 적당히 무능력해졌을 때는 그 영역 밖에서도 가능하다. 또한 추상작용은 역으로 현실감을 상실하게 하는 통치자들의 작업을 산출할 수 있고, 실제로 그들을 동요시킬지도 모를 모든 광경들로부터 그들을 모두 보호할 수도 있다. 프랑수아 쥘리앵은 맹자를 인용하여, 제물로 끌려와 두려워하는 소와 눈이 마주친 황제의 이야기를 다시 소환한다.[69] 황제는 연민의 정서를 억누를 수 없어 소를 풀어주기로 결정한다. 하지만 제사는 드려야 했기에 소 대신 양이 제물로 바쳐진다. 하지만 왜 소 대신 양이 희생되어야 하는가? 무서워하는 소는 황제가 보았지만, 양은 황제의 시선 바깥에 놓여 있었기 때문에 죽임을 당한다. 어느 쪽에도 원칙적인 이유는 전혀 없다. 다만 하나의 변용이 있었느냐 없었느냐 하는 차이만이 있다. 자신과 덜 비슷한 상대라고 해도, 보고 시선이 마주치면 그 결과 그 상대에 의해 변용된다. 그에 대한 해석은 분분해진다. 대부분의 해석은 그것이 헛된 일이라고 한다. 소 대신 양을 희생시킴으로써 황제는 인색하다는 비난과 인심이 후하지 않다는 비난에 노출된다. 즉 변덕이 심한 정념적 수용에 노출되는 것이다. 반대로 현자에게는 그것이 인간성이 부재할 경우 권력은 폭정이 되기 마련이라는 것을 입증하는 사례가 된다. 황제는 자신이 내린 결정에서 비롯된 결과에 정서적으로 노출되었다. 그 대상이 소이

---

69   프랑수아 쥘리앵François Jullien, 『도덕의 기초를 놓다. 맹자와 계몽철학자의 대화Fonder la morale. Dialogue de Mencius avec un philosophe des Lumières』, 파리, 그라세Grasset, 1995.

긴 했지만, 황제는 그것과 눈이 마주쳤고, 그것의 운명을 결정했다. 그럼에도 이건 반쪽짜리 입증이다. 황제는 대체물이 된 양의 시선은 회피했기 때문이다. 하지만 모든 것을 고려해보면 이것이야말로 정치적 지혜가 시작되는 지점이다. 훌륭한 통치란 정부가 피통치자들에게 행하는 바를 정면으로 바라보는 것이며, 피통치자들의 정서에 의해―모방적으로―변용되도록 스스로를 내버려두는 것이다. 그들에게 정부의 변용을 받아들이게 하는 것은 바로 그 정서이기 때문이다.

하지만 이러한 정서의 회귀를 관습적인 통치자들은 절대 원하지 않는다. 너무나 거북하고 너무나 혼란스럽기 때문이다. 그러한 까닭에, 그럼에도 자신이 통치하려고 하는 사회와 어떤 접촉을 해야 하듯이, 추상작용은 마침맞은 도구, 관념적 점령의 형식을 구성한다. 추상작용은 이미 주어져 있지만 모든 정서적 접촉에서 제외된 것들을 복구한다. 물론 수많은 복잡한 사회에서는 과도한 행정적 분업 때문에 추상작용을 거치도록 강요된다. 직접적인 1인칭의 종합적 경험을 통하여 이해하기(그 자체로 받아들이기) 불가능한 전체를 파악하는 어떤 또 다른 방법이 있을까? 하지만 이 기능적 필연성은 어떤 의미에서 제곱으로 기능적인 것으로 드러난다. 그것은 통치자들이 피통치자들에게 만들어주는 현실적 운명을 통치자들이 알 필요가 없도록, 그리고 보기 시작하도록, 보호해주는 정서적 단절에 대한 관념적 구실을 제공하는 것이다. 그런 다음 추상작용들을 통한 탈변용이 정서적으로 분리된 정부의 활동에 그 고유한 정념적 고요의 모든 조건들을 확보해주며, 그 계획들을 완고하게 추구하기 위한 조건들도 마련해준다. 그 계획들이 그것들이 덮치는 이들에게 하나의 불가능한 삶을 만들어준다 해도 그러하다.

예를 들어 유럽위원회와 유럽이사회같이 사람들을 분리하고 현실감을 잃게 만드는 추상작용의 상층부는 국가 정부보다 더욱 멀리 떨어져 있으므로, 일반인들에게 삶의 가장 작은 관념조차 만들어주는 일 없이 통계의 성채 안에 틀어박힐 수 있다. 아마도 통계─실업률, 빈곤율, 자살률, 기대수명……─로 거슬러 올라가는 무언가가 있긴 하겠지만, 통계는 다른 추상작용들 중에서 상실된 어떤 추상작용이며, 무엇보다도 그저 추상작용일 뿐이다. 기업 경영자들도 똑같은 방화벽의 보호를 받으며 살아가고, 비율들이 사람들의 운명을 더욱 쉽게 결정한다. 절대 사람들을 보지 말 것. 지친 사람, 괴로운 사람, 우울한 사람, 자살 직전에 있는 사람을 보지 않는 것, 그건 '경제적 합리성'이 인간성에 의해 흩트려질까 두렵기 때문이다. '모두에게 하나이며 공통된 인간적 본성'이라는 의미에서의 인간성 말이다. 스피노자가 『정치 논고』[70]에서 이야기하고 있는 이 인간성이란 근본적인(기본적인) 정념적

70 『정치 논고』 VII, 27, 여기서부터는 샤를 라몽Charles Ramond 역, 스피노자, 『정치 논고』, 『전집 V』, 파리, PUF, '에피메테우스' 시리즈, 2005.

기제들의 총체이며, 그 기제들 전체는 결국 『에티카』 3부 정리 27의 정서들의 모방이다. 그러므로 여기서 '인간성'에 대해 말하는 것은 서정적인 인본주의를 환기하는 데서 그치는 것이 아니라, 더욱 냉정하게—기하학적 방식으로—모방의 정념적 기제에 관한 의식적이거나 도덕적인 모든 근심에 앞서는 객관적이고 필수적인 게임을 고려하는 것이다. 분명히, 주체가 타인의 고통을 보고 감응했을(변용됐을) 때 말을 하는 것은 주체의 '인간성'이지만, 그 인간성은 어쨌든 인간 행동 전체를 통해 말할 때처럼 저속하게 말한다. 그건 노동자를 해고하는 야만적인 인사부 안에서 엑셀 프로그램 뒤에 은신처를 마련한 채 작동하고 있는 '인간성'과 똑같은 인간성이다. 단순하게 여기서 문제가 되는 것은, 이런 인간성의 여러 가능성들 가운데 하나인 공감이 명확히 드러나는 것을 막을 수 있다는 것이다.

추상작용의 정부가 구축에 의하여 채택하는 이 정념적 단절로부터 직접적인 정치적 결론이 한 가지 도출된다. 보조성과 자율성의 원칙이 바로 그것이다. 이 원칙은 가능한 한 가장 국지적인 것을 지향한다. '가능한 한 가장 국지적인 것'이야말로 관리자들에 대한 피관리자들의 역변용의 기회들을 최대화하는 것이기 때문이다. 국지성은 관리자들을 강제하여 보게끔 한다. 사람들은 자율성이란 무엇보다도 관리자와 피관리자라는 범주 자체의 폐지에 관한 문제라고 말할 것이다. 그럼에도 그 범주들은 가장 나은 경우에도 대표자와 피대표자라든가 위탁자와 수탁자라는 범주들로 대체되지 않던가? 막대한 차이들을 만들어내긴 하지만 통합적 탈분리의 이상향의 끝단까지 갈 수는 없는 것이다.[71] 역변용의 원칙, 즉 받고 되돌려주는 변용의 원칙은 하여튼 단순하고 강건한 하나의 결론을 전달한다. 정치적 총체의 제도적 형식이 국지적 층위의 사람들에게 최대치의 특권을 주기 위해 구상될수록, 더 많은 제도화된 권력이, 인접성의 단순한 효과에 의하여, 국지적 층위의 사람들에게 '피관리자들'의 삶을 되돌려주는 변용들에 대치된 상태로 머물게 된다. 이 용어들의 적절한 일반화를 통해 우리는 맹자가 이야기한 우화의 교훈을 다시 취할 수 있다. 좋은 국가의 형태란 바로 황제가 소와 양에 이르기까지 자신의 모든 국민과 눈길을 마주치도록 강제하는 형태다.

---

71   이 어려운 문제에 대한 논의는 『임페리움』에서 길게 전개되었다.

반란의 정념

제도적 질서는 정념으로 작동한다. 그러나 제도적 질서는 정념에 의해 무너진다. 엄격하게 말한다 해도, 이런 언명이 지나치게 문제가 되지는 않을 것이다. 그 인용처인 스피노자식의 철저한 결정론의 틀은 훨씬 더하기 때문이다. 그것은 동시대의 상식에서 자발적으로 나온 철학이―그 철학만이 아니라 사회과학의 수많은 흐름들에서 나온 철학 또한!―'자유'의 경이로운 재再용출 말고 다른 방식으로는 역사적 변환을 구상할 수 없다는 것이다. 이 간략한 논증에 의해, 80년대의 전환기에 구조주의의 지적 유산이 청산되었다. 구조주의는 역사를 생각하는 데 무능했다. 구조들의 세계에서 인간의 창조적 자유는 더 이상 존재하지 않고, 사람들은 다만 복제 과정의 수동적인 단순한 매체라는 상태에 영원히 머물 뿐이다. 그럼에도 '시대는 변한다'. 그렇지만 인간의 친구들은 묻는다. 이제 자유에 의해 버려진 무기질의 구조들밖에 없는 세상에서 어떻게 그런 것을 생각할 수나 있겠는가? 알다시피, 구조주의에 대한 비판은 원래 68년 5월 혁명에 의해 실천적으로 표현되었다. 이는 때때로 '어떤 일이 벌어진다'는 것을 입증하는 분명한 증거다. 구조들의 기능에 의해서 예견되지 않고, 구조주의적 사유가 괴롭게 여긴 듯 보이는 어떤 일 말이다. 소르본의 벽에 쓰인 낙서 속에서 사람들은 특히나 '아무짝에도 쓸모없는 알튀세르'라는 그 냉혹한 낙서를 읽게 될 것이다. 학문적으로 사건을 되찾는 일은 준*삼단논법의 형식을 취할 것이다. 역사가 있다면 변화가 있다는 것이다. 변화가 있다면 변화될 사람들이 있다는 것이다. 그러므로 변화 속에서는 '자유'가 작동하고 있는 것이다. 다른 방식들 중에서도, 자유롭고 주권적인 주체의 인본주의가 구조주의에게 빼앗긴 자리를 탈환하는 방식이야말로 역사의 문제를 통한 방식이다.[72]

절망스러운 결정론?

사람들은 문제가 있었음을 부정하지 않을 것이다……. 그건, 문제가 적절하게 해결되었는데, 더욱 이론의 여지가 있는 이런 복원에 의해 해결되었다는 것이다. 그럼에도, 구조주의적 분위기에

---

72 이론적 인본주의를 탈환하는 또 하나의 방식은 인권을 찬양하고, 그 권리들을 '역사의 끝'에 도덕적으로 끼워넣음으로써 진전되었다.

동화될 수 있을 인물들조차도―마지못해 어쩔 수 없이?―그들 나름의 방식으로 이를 인준한 듯 보인다. 브로델과 부르디외의 펜 아래서 똑같은 암시를 다시 발견하는 것은 징후적인 일이 아닐까? 그들은 느슨해진 범위 안에서, 그리고 이론적 작업의 여백에서처럼 구조들의 무게가 인간의 자유에 남겨준 여백을 무심코 '가늠한다'. 부르디외는 '법과 필연성과 결정론을 피하기 위한 자유의 작은 여백'이라 말하고[73], 브로델은 나머지 전부에 대해 영향력을 갖는 사회적 관계들에 비추어 (분명히) 대략적으로 '5퍼센트의 자유'라고 추산한다. '작은 여백'이든 '5퍼센트'이든, 그건 자유가 어떤 틈을 보존하며, 그 틈이 없다면 역사적 변화가 일어날 수 있는 방편이나 가능성은 전혀 없으리라는 것이다. 마찬가지로, 결정론의 무게에 대처할 줄 알았던 사상가들조차 '자유의 여백들'을 단념할 수 없었으며, 결정론들로부터 단 하나의 결정론으로 넘어갈 수는 없었다. 아마도 그들이 결정론에 대해서 그냥 단순한 결정론이 아니라, '사회적 결정론들'이라는 한 가지 적격한 해석만을 주고받았기 때문일 것이다. 스피노자의 입장에는 타협의 여지가 없다. 그에겐 결정론만 있을 뿐 다른 것은 아무것도 없다. 하지만 그럼에도 그것이 수량의 문제가 될 수는 없다. '자유'는 여백으로 축소되든, 완전히 군림하는 것으로 여겨지든, 철학적으

---

73   피에르 카를Pierre Carles의 영화 〈사회학은 격투기다La sociologie est un sport de combat〉, C-P Productions-VF Films, 2007.

로 동일한 문제를 제기한다. 그리고 이 문제의 두께 속에서 스피노자가 결론을 내리며 단언한다. 무엇보다도 '증명'의 부담이 마땅히 증명해야 하는 자들에게 돌아가지 않는 일은 없다고. 사실 스스로를 설명해야 하는 이들은 자유의지를 옹호하는 자들이다. 인간은 어떻게 '제국 속의 제국같이' 되는 것을 정당화할 수 있을까? 인간은 우주의 다른 모든 것들에 대해 자기가 예정해두고 있는 현상적 인과성을 피하려는 자신의 요구에 어떤 종류의 토대를 제시할 수 있을까? 인간은 때때로 어떤 기적에 의해서 원인과 결과의 사슬에서 벗어날 수 있을까? 인간은 어떻게 진정으로 만물의 운행을 깰 수 있을까? 말하자면, 원인 없이 결과들을 산출할 수 있을까? '의지는 자유로운 원인이라 불릴 수 없고, 다만 필연적인 원인이라 불릴 수 있다'라고 스피노자는 답한다(『에티카』 1부 정리 32). 여기서 신의 의지는 '의지의 자유에 의하여 작동하지 않고'(『에티카』 1부 정리 32 계 1) 그 본성의 필연성에 의해 작동한다고 이해된다. 이어지는 계 2에서는 같은 내용을 다시 확인하고 있다. '의지는, 다른 모든 것들과 마찬가지로, 그것이 존재하고 한 가지 명확한 방식으로 작동하도록 결정하는 하나의 원인을 필요로 하기 때문이다.' 이는 모두 인본주의가 받아들이고 싶어 하지 않는 것이다. 인본주의는 인간의 존재론적 우월성을 고수할 뿐, 스피노자가 인간을 다시 끌어들이는 그 조건, 즉 인간 역시 만물 가운데 하나라는 조건을 거부한다. 스피노자는 불행하게도 모든 일의 일관된 필연성을 회복하기 위해 자기 발아래 놓인 양탄자를 당기고만 있지는 않는다. 그는 총칭적으로—그 역시 필연적인!—자유라는 환영을 다시 야기하면서, 예외에 대한 요구를 길 잃은 표상의 영역으로 돌려보낸다. '인간이 스스로를 자유롭다고 생각하는 것은 착각이다. 이러한 의견은 단지 그들이 자신들의 행동에 대해서는 의식하면서도 그것을 결정하는 원인에 대해서는 무지하다는 사실로 이루어진다.'(『에티카』 2부 정리 35 주석)

낙담의 순간이다. 엄밀히 말해 사람들은 존재론적 침해는 묵인하고 넘어가겠지만—그것은 추상적이다……—정치적 불가능성이란 판결은 과도하다. 결정론은 자발적으로 그런 식으로 이해되는 경우가 가장 많기 때문이다. 모든 것이 이미 쓰여 있다면, 대체 무엇인들 소용이 있겠는가? 이건 정치의 파기다. 모든 것이 정해져 있으니 우리가 할 일은 아무것도 없다……. 이건 확실히 완전한 오해다. 그렇게 하도록 결정되어 있으니 우리가 했을 일만이 일어날 것이다. 그럼 우리가 아무것도 하지 않도록 결정되어 있다면, 아무 일도 일어나지 않을 것이다. 결정론이 우리에게서 모든 행동의 가능성을 박탈한다는—거짓된—관념은, 그 자체로는 우리에게서 아무것도 박탈하지 못한다 하더라도(그건 당연히 거짓된 관념이지만), 아무렇게나 받아들여져, 우리를 무장해제시키고, 그리하여 아무것도 하지 않게 하는 데 기여할(그렇게 우리를 결정지을) 수 있다. 하지만 이런 사실은 그 관념을 참되게 만드는 것이 아니라, 행동하도록 하는 결정들이 사실은 존재하지 않았거나, 아니면 너무 약해서 심지어 상상 속의 가장 작은 장애물조차 넘어갈 수 없었음을 증명할 뿐이다. 이런 행동의 욕망은 다급할 때면 스스로 터져 나와, 행동이 자유로운지 필연적인지, 결정론이 하나의 숙명론인지[74] 아니면 무엇이건 그런 종류의 것인지 개의치 않는다. 그리고 이 욕망이 다급하다면, 그것은 거기에 필요한 강도에 따라 결정되었기 때문이다. 시쳇말로 '그것이 나보다 더 강했다'라고 하는 것은 그 나름의 방식으로 필연성을 재생하는 것 아니겠는가? 실제로 스피노자는, 우리를 결정하는 원인들에 대한 무지에 의해 산출되는 상상적 단절은 차치하고, 정서들의 균형이 우리 안에서 가까스로 유지되고 있기에 우리가 그만큼 우연과 선택의 자유에 대한 믿음에 이끌린다는 것을 보여준다. 균형을 이루는 상반된 두 정서들 가운데 하나가 더 중요하긴 하지만 그 차이는 거의 없다. 혹은 하나의 정서가 있긴 하지만, 완화되어 있으며 쉽게 부서질 수 있다. 압도적으로 우위에 있는 하나의 정서가 '우리보다 더 강했던' 곳에서, 우리에게 정신의 자유로운 명령에 관한 거짓된 인상을 주었던 것은 이런 우유부단함 혹은 강도가 약한 정념들이다. 그러하기에 사람들은 '대부

74 　스피노자의 '숙명론'에 관한 문제에 대해서는 다음을 참조하라. 이브 시통, 『자유의 이면. 계몽주의 시대 프랑스에서 발명된 스피노자식의 상상계 L'Envers de la liberté. L'invention d'un imaginaire spinoziste dans la France des Lumières』, 파리, 에디시옹 암스테르담 Éditions Amsterdam, 2006, 3장.

분, 우리가 가볍게 바라는 것들만을 자유롭게 행한다고 믿는다. 그러한 것들에 대한 욕구는 우리가 자주 상기하는 다른 것에 대한 기억에 의해 쉽게 줄어들 수 있기 때문이다. 하지만 우리가 커다란 정서를 가지고 바라며 기억이 쉽게 누그러뜨릴 수 없는 것은 전혀 자유롭게 행하지 않는다고 믿는다(『에티카』 3부 정리 2 주석). 하지만 하나의 결정이 많이 더 우세하든 거의 우세하지 않든, 그것은 늘 하나의 결정이다. 그리고 어떤 결정들이 '우리보다 더 강하'리라는 관념은 (역으로, 다른 결정들보다 우리가 더 강하리라는 것으로도 이해되므로) 별 의미가 없을 뿐이다. 모든 결정은 우리 안에서 그 상대적 힘에 따라 작동하며, 가장 유력한 결정이 결과적 결정이 될 것이다(『에티카』 4부 정리 7).

가장 유력한 결정들이란 정치적 행동으로의 이행이나, 집합적인 변환 행동의 개시, 혹은 절제의 결정들이 아닐까? 이는 우리가 상황에 따라 달리 볼 문제다. 하지만 결정론을 숙명론으로 전환하는 것은 시점의 오류다. 확실히 신의 무한한 오성의 시점에서는 모든 것이 결정되어 있다. 하지만 인간의 시점은 제한된 오성의 시점이며, 말하자면 '절단되고 훼손된'[75] 관념들의 시점이다. 그러한 까닭에, 인간이 자신의 행동을 결정하는 것들을 알지 못하기 때문에 자유롭다고 믿는 행동들의 심상을 따라, 정치가 우

---

75 스피노자, 『오성 개선론』Traité de la réforme de l'entendement』, 미셸 베이사드Michelle Beyssade 역, 『전집 I』.

발성과 가능성의 한 가지 양태로 보이는 것이다. 마찬가지로 그러한 까닭에 결정론의 관념 역시 맥 빠지게 만드는 것, 혹은 사기를 꺾어놓는 것이 되고 만다. 사람들은 불가피하게 혁명의 필연적 도래에 대한 마르크스적 예언을 생각한다. 하지만 이 혁명이 지닌 필연성의 힘조차도 참으로 혁명을 일으키기 위한 모든 행동을 사람들에게서 면제해준다. 마치 혁명이 어떤 초인적 힘에 의해, 인간은 결국에 구경꾼밖에 될 수 없는 역사적 필연성의 힘에 의해 일어나는 듯이 말이다. 하지만 여기에는 전형적으로 관점의 혼동에서 비롯되는, 거의 광학적인 의미에서의 착오가 있다. 사람들은 사물에 밀착된 위치에서, 즉 체제의 내부에서 여전히 더 많이 하고 있는 것을, 어떤 돌출된 위치에서, 즉 '체제'의 외부에서 논평한다. 내부의 시선과 행동에 외부의 시점을 끊임없이 끌어들인다. 어떤 의미에서는 스스로를 둘로 나누고 스스로의 행동을 바라보는 것이라고도 할 수 있겠다. 그런데 지나칠 정도로 스스로의 행동을 바라보다 보면, 확실히 행동을 멈추게 된다. 더 이상 행동하지는 않고 스스로를 바라보고만 있는 것이다. 관조적인 자기 분열은 관조 자체로 귀착된다. 행동의 정지로 귀착된다는 말이다. 마르크스적 예언은 까닭 없이 내부에 도입된 외부의 시점으로서 구체적이고 역설적인 형식의 체념론에 이르렀다. '역사'가 우리를 위해 일하고 있으니, 고된 혁명적 기획 안에서 공연히 애를 쓰는 게 무슨 소용이 있겠는가?

역사는 하나의 산물이다

그러니까 그 오류는 개념적인 것이었다. 거기에는 잘 정리된 이름까지 있었으니, 실체화라는 것이다. 실체화란 하나의 추상작용을 실질적이고 활동적인 개체로 변모시키는 데 있다. 예를 들자면 역사가 그러하다. 역사는 우리가 그 아래에서 일련의 구체적인 과정 전체를 요약하는 추상작용의 이름이다. 어쨌든 역사는 하나의 추상작용이다. 그러므로 자신이 명명하도록 할 뿐인 과정들의 능력을 이용할 줄은 모른다. 역사는 능력이 아니다. 역사를 만드는 사람들이 능력이다. 마찬가지로 스피노자가 우리에게 상기시켜주었듯이 개의 개념은 짖지 않으며, 마찬가지로 역사의 개념은 행동하지 않는다. 역사를 만들기 위한 사람들의 행동이 없이는 역사도 없다. 역사에서 불가사의한 성질들을 찾아낼 가능성도 있겠으나, 역사는 그 자체로 산출하는 개체가 아니다. 역사는 산출의 결과다. 예를 들어, 사람들이 혁명의 역사가 쓰이길 바란다면, 그건 사람들이 혁명을 일으키는 데 관심이 있다는 것이다. 보다 정확히 말하자면, 오직 사람들이 혁명을 일으키기로 결심했을 경우에만 혁명의 역사가 있을 것이다. 사람들이 스스로를 바라보기로 결심했거나, '역사'가 그들을 위해 그 일을 해주리라 믿기로 결심했다면, 그들의 행동은 강렬하지 않고 아주 혁명적이지도 않아서 혁명이 많이 일어나지 못할까 염려될 뿐이다. 다행히도 반성적 고뇌는 특히 지식인들의 고유한 속성이긴 하지만,

그들은 군중의 주류를 이루지 못한다. 성난 군중은 분노 속에서 자신을 바라보기보다 자신의 분노에 몰두한다. 그리고 그렇게 함으로써 분노하기를 그치고 만다.

반성적 심연에 놓이도록 과잉 결정된 경우를 제외하고, 결정이 어떠한 원칙적인 무장해제의 시초가 되는 일은 없다. 결정은 움직이려는 결정일 때 움직이게 하는 결정인 것이고, 움직이지 않으려는 결정일 때 움직이지 않게 하는 결정인 것이다. 변환하는 행동에 대한 결정 없이는 변환하는 행동은 없다. 원인 없이는—변환하는 것이든 보존하는 것이든—어떠한 결과도 없다.

결정론의 관념이 재산출의 관념에 불가역적으로 연결되기를 바란 것은 사유의 불행이다. 말하자면 이렇다. 이 불행은 완전히 우연에 의해 돌발한 것이 아니다. (허위로) 본질적인 것이라 제시된 이 연결은 복원의 도구, 즉 주체의 모든 특권들을 충분하게 복원하는 도구였다. 그 특권들이 구조주의에 의해, 범람과 무지의 일반적 사유, 주권적 주체의 파면에 관한 사유에 의해 피해를 입었다는 것은 사실이니 말이다. 구조주의에 지적인 성향이 있다고 하면, 그건 주체의 인본주의가 보고 싶어 하지 않는 것을 보고, 인간이 자신이 행하고 생각하고 말하는 것에 대해 요구하는 단계의 지배력을 갖고 있지 못하다는 것을 안다는 데 있다. 스피노자는 가차 없이 이렇게 말한다. '정신의 자유로운 결의에 의하여 말하거나 침묵하거나 어떤 행동을 성취한다고 믿는 이들은 눈을 뜨고 꿈을 꾸는 것이다.'[76] 하지만 이것은 지나친 모욕이었다. 그리고 '인간'은 자신이 원숭이의 후손이기에 우주의 중심에 있지 않다는 말을 들은 뒤에, 자기 자신의 지배자가 아니라는 설명까지 들고는 격분했다. 부바르와 페퀴셰[77]가 스피노자식의 환각 상태에 빠져서 자유의지라는 환영을 깨부수게 된 뒤에 헌병대 대장은 담뱃대에 다시 불을 붙이며 혼잣말로 투덜거린다. '제기랄, 어쨌든 나는 내가 원하는 것을 한단 말이다!' 그리고 '행위자'의 사회과학은 결국 콧수염을 기르고 분노하는 이런 거부의 단계를 거의 넘어서지 못했다. 또한, 이미 보았다시피, '인간'과 인간의 인본주의를 복구하기 위해서 사회과학은 자유에 변화를 가져오는 삼단논법에 따라 그 존엄성 면에서 역사에 뒤처졌다. 구조주의의 재산출의 방향성과는 반대로, 역사적 역동성에 맞추어 자신의 자리를 완전히 다시 조정해야 했다면, 상황은 회의적이지 않다. 허위의 작동은 자유롭고 주권적인 주체의 동시적인 복원을 위한 추론을 만들어내는 데서 이루어진다. 주체는 역사의 화물차에 실려 밀수되듯 돌아온 것으로 보일 뿐 아니라 이러한 귀환이 실제로 모든 책략의 제1의 궁극적 목적이었던 것으로 보인다.

---

76   『에티카』 3부 정리 2 주석.

77   프랑스 사실주의 소설가 플로베르의 풍자적인 미완성 유작 『부바르와 페퀴셰Bouvard et Pécuchet』의 두 주인공.(옮긴이)

혁명, 다른 일을 하려는 결정

스피노자의 결정론은 주권적 주체의 파면과 역사의 파면을 동시에 주장하는 탓에 모든 작전을 탈선시키고 만다! 하지만 역사에 관한 어떤 철학의 범주 아래에서는 그렇지 않다. 어찌 되었든 역사에 관한 철학이라는 것이 목적론적 경로에 관한 사유를 의미한다면 말이다. 하지만 체계적으로 궁극목적론을 추구하는 스피노자의 작업에는 그런 것이 근본적으로 부재한다(『에티카』 1부 부록). 변화와 분기^{分岐}와 위기에 대한 사유, 그리고 원인들에 의해 결정된 변화에 대한 사유의 경우에는 그러하다. 보통 자기 직위의 길을 따랐을 개인들이 갑자기 파업 팻말을 들거나, 얌전하게 투표했던 개인들이 거리의 포석들을 빼내기 시작하려면 어떤 일이 발생해서 이 개인들 안에 결과를 산출했어야 하지 않겠는가? 그리고 경영 권력이든 정치 권력이든, 권력은 늘 이런 상황에 당황하여 자문한다. '어떤 파리에게 쏘인 것일까?' 분리된 권력의 무지를 드러내는 영구적인 물음이긴 하지만, 이런 물음은 그 원칙 속에 있는 무언가를 말해준다. 동시대 권력에 대한 불만이나 남용이 오랫동안 지하에 쌓였거나, 혹은 하나 위에 다른 하나가 쌓였고, 그래서 실제로 그들은 '쏘였다'. 그리고 그때까지 한 적 없는 일들을 하게끔 그들을 결정지은 것은 바로 이 '쏘임'이다. 바로 여기에 모든 사안이 있다. 우리는 새로운 방향을 택하도록 결심할 수 있는 것이다. 그럼에도 그것을 구상하기란 그렇게 어렵지는 않았다. 아마도 사물의 새로운 경로는 신의 무한한 오성의 시점에서는 새롭지 않겠지만, 자신에게로 제한된 우리 오성의 시점에서는 새로우며, 중요한 것은 그뿐이다. 우리 스스로를 둘로 나누는 것은 아무런 소용도 없다. 하물며 우리가 접근할 수도 없는 시점에 접근하는 척하는 것은 말할 것도 없다. 역사가 인간의 손으로 작동하는 변화의 궤적이라면, 변화 혹은 혁신의 관념은 오직 인간의 높이에서만 평가되어야 한다. 새로운 것에 대한 준거기준이 (우리의 등급에 맞게) 재조정되어야 하는 것이다. 그러면 오직 무한한 오성의 시점에서만 모든 것을 완벽하게 예측 가능하게만드는 결정론은 인간사의 근본적인 역사성을 반박하는 것을 즉각 멈춘다. 역사성이란 오직 인간의 제한된 오성들에 대해서만의미를 갖는 것이다.

따라서 결정론의 변형하는 권력을 부정하는 이들은 스피노자를 읽으며 난관에 부딪친다. 스피노자는 결정론도 긍정하고 위기의 가능성도 긍정하는데, 위기의 가능성이란 그에게 '반란'을 의미한다. 스피노자가, 어떤 면에서, 혁명은 일반적으로 나쁘게 끝난다고 여긴다는 것은 사실이다. 혁명은 폭정의 원인들은 제거하지 못한 채 폭군만을 제거하고, 단지 이전 폭군의 자리에 새로운 폭군을 세워놓는 데 그치는 경우가 많다. 스피노자가 커다란 정치적 낙관론의 편에 있지 않다고 하는 것은 그에 대한 과소평가다. 그는 집합적인 정념에 대한 자기 시선의 가차 없는 사실주의에 맞추어 정치적 낙관주의를 엄격하게 조율했다. 하지만 사실 거기에는 그 질문이 없다. 그가 부정하지 않는 것이 하나 있다면, 정치는 동요를 겪고 제도적 질서는 소멸된다는 것이다. 이는 그의 정치적 사유 전체의 핵심을 이루는 것이기도 하다.

권력, 대중의 능력을 포획하는 것

권력—일반적으로는 제도의 권력, 특정하게는 정치의 권력—은 무엇으로 기능하는가? 이 질문은 어떻게 하면 권력이 결국 무너질 수 있는지 알기를 원하느냐고 묻는 최소한의 질문이다. 우리는 스피노자가 모든 행동을 파악했던 근본적 연구의 용어들을 체계적으로 열거함으로써 이 질문에 답할 수 있다. 하나의 육체가 무언가를 하기 위해 움직였다면, 그건 육체가 어떤 욕망에 의해 그렇게 하기로 결정되었다는 것이며, 그러한 욕망이 형성되었다면, 그건 욕망이 어떤 변용에 의해 결정되었다는 것이다. 분명히 우리의 육체는 권력의 제도들을 만났을 때 특수한 일들을 한다. 신호등에 빨간불이 들어오면 사람들은 차를 세우기 위해 발로 브레이크 페달을 밟는다. 경찰 앞에서는 손으로 증명서를 꺼내 보이거나 아니면 두 손을 높이 들어 올린다. 세금을 납부할 때가 되면 우리는 수표를 쓴다. 우리는 교수나 판사에게 어떤 특정한 방식으로 말을 한다. 보통 때 우리는 정기적으로 투표소에 간다. 어떻게 권력의 제도들은 그 요구 조건에 일치하는 이런 움직임들을 완수하려는 욕망을 우리에게 부여하는 것일까? 우리가 권력의 제도들을 만나면서 변용되기 때문이다. 그 제도들이 우리를 변용할 수 있는 권력을 가지고 있다면, 그건—그 정의상—능력을 지니고 있다는 것이다. 자, 제1의 결론은 바로 이것이다. 일반적 제도들, 그리고 특정한 권력의 제도들은 하나의 능력을 지니고 있으며, 그 자체로 능력들이다.

그러나 이런 능력은 어디로부터 오는 것일까? 변용할 수 있는 이 권력, 우리가 무언가를 하도록 만드는 권력, 그리고 그 결과로 우리가 정확하고 확고히 결정된 무언가를—빨간 신호등 앞에서 멈추는 것 등등의 행동을—하도록 만드는 권력은 어디로부터 오는 것일까? 내재성의 정치 철학은 이렇게 대답할 수 있을 따름이다. 최종 분석으로, 대중을 변용할 수 있는 능력은 오직 대중 자체에서 나온다.[78] 대중을 규격화하는 제도적 권력들이 양분을 취하는 능력의 저수지는 바로 대중 자체다.[79] 어떤 의미에서 대중은 자신의 능력을 희생해가면서 권력에 굴종한다. 대중의 부분

---

78 나는 여기서 제도의 권력에 관한, 특히 국가에 관한 한 가지 이론의 본질을 대략적으로만 제시하려 한다. 그에 대한 완전한 전개는 『임페리움』에서 볼 수 있다. 또한 『정서의 사회』에서 「제도의 능력La puissance des institutions」을 참조하라.

79 여기서 '대중'이라는 범주의 개념적 지위에 관련된 주의 사항들을 자세히 언급하는 것은 불가능하다. '대중'이라는 범주는 하나의 경험적-사회학적인 개념으로 읽혀서는 안 되고—'대중'은 사회적-역사적 현실 세계 안에서 직접적인 반대 항을 가지고 있지 않으므로—하나의 사변적인 개념으로 읽혀야 한다. 이에 대해서는 다음을 참조하라. 『임페리움』, 「부록: 대중? 어떤 대중?Addendum : la multitude? quelle multitude?」, p. 102 이하.

들을 변용하듯이 대중의 전체를 변용하는 모든 것은 대중의 최종 분석 안에 들어온다. 대중의 가장 일반적인 정념적 조건은 자기변용의 형태를 띤다. 대중은 자신의 고유한 능력을 필연적으로 발휘하여 스스로를 변용하며, 대중에게서 발생하는 모든 것, 즉 대중이 스스로에게 부여하는 정치적 형식, 대중이 조합하는 특수한 제도들, 대중이 공유하는 관습과 방식 등은 이 능력의 결과다. 개인들은 왜 어떤 관습에 순응할까, 왜 어떤 권위는 존중하고 다른 권위는 존중하지 않을까, 왜 제도의 암시적인 명령이나 명시적인 명령을 따를까? 이 모든 제도적 형식들이 개인들에게 무언가를 하기 때문이다. 즉 그들을 변용하기 때문이다. 그리고 큰 규모로 변용할 수 있는 권력은 규모가 큰 능력의 저수지만을 닮는데, 그 저수지는 대중 자신이 제공하는 것이다. 뒤르켐을 인용하자면, 그 저수지엔 사회문제라는 다른 이름을 붙일 수있다.

대중이 모든 제도적 창조물의 기원이라 해도, 그건 대중의 각 개인들로부터 가장 많이 벗어나 있는 것이다. 대중의 개인들은 제도들과의 외부적 상관관계를 개별적으로 유지하지만 그들의 집합적 창조물을 알아보는 데는 이르지 못한다. 외부의 능력에 굴종하는 이 감성은 국가에 대해서만큼은 너무나 커서, '자유'를 되찾기 위해선 '우리에게서 그것을 제거하는 것'만으로 충분하다는—거짓된—관념을 유발할 정도다. 실제로 이 관념이 거짓된 까닭은, 개인들이 생소한 것으로 여기는 실체가 최종 분석에서는 전적으로 개인들의 것임을 분명하게 보지 못하기 때문이다. 이는 라보에티가 완벽하게 보았던, 우리가 곧 국가라는 슬픈 진실이다. 정념적 협조를 통해 우리를 지배하는 국가를 매 순간 산출하고 재산출하는 것은 바로 우리 자신이다. 요컨대 국가는 우리가 원인에 대한 완전한 몰이해 속에서 국가에 부여하는 능력 말고 다른 능력은 지니고 있지 않다.

바로 그것이 포획의 힘이다. 우리가 제도 일반에 대하여 개념적으로 말할 수 있는 것이 바로 이것이다. 제도는 대중의 능력을 포획하는 데서 비롯되는 결과이며, 분리된 구조 안에서 대중의 자기변용에서 유래되는 파생이다. 개인이 국가와 충돌할 때 실제로 마주치게 되는 것은 (그러나 모두에게는 인식 불가능한 것은) 모두의 능력이다. 국가에 대한 불복종을 시험해보는 자는, 경미한 범죄로부터 출발하여, 지체 없이 그것을 경험하게 될 것이다. 예를 들어, 교통신호 위반, 주거침입에서 출발하여 연속적인 불복종의 단계들을 따라가다 보면 결국 거시적 단계의 힘을 발휘하기까지 점점 더 폭력적 강도가 증대되는 국가의 대응을 알게 될 뿐 아니라―마찬가지로, 비록 아주 적은 수의 개인들만이 관련되어 있을 때조차, 국가가 적으로 여기는 이들을 추적하기 위해 투입할 준비가 된 물질적 수단의 수준에 의해 깊은 인상을 받지 않을 수 없으며―무엇보다도 국가의 대응을 홀로 마주하게 될 것이다.

모두의 제도적 결정체, 모두의 능력에 홀로 맞서는 것이다.

'적법성'의 아포리아

사람들은 이런 고독이 국가의 '적법성'의 결과라고 말할 것이다. 하지만 그것은 문제를 해결하기보다 더 많은 문제들을 내놓는 거짓된 해법이다. 사람들은 '적법성'을 일종의 도덕적 성질, 세속적 도유(塗油)로 만들면서 잘못 이해하고 있다. 정치학에서 '당나귀는 건너지 못하는 다리'[80]는 '합법성과 적법성'의 구분을 주된 개념적 발전인 듯이 되풀이한다. 우리가 국가의 판결에 동의한다면, 그건 그 판결이 '합법'할 뿐 아니라 '적법'하기 때문이다. 그래야만 우리는 거기에 머리를 숙인다. 그러나 그렇게 구상된 적법성은 어떤 신비스러운 성질을 갖고 있다. 현실에서는—우리가 모색할 수는 있지만—어느 누구도 적법성을 참되게 정의할 줄 모른다. 적법성은 합의에 의해 정의될 수 있을까? 하지만 어떤 합의에 의해서일까? 만장일치의 합의일까? 물론 그렇지 않다. 그건 불가능할 것이다. 특정 조건을 만족하는 다수결일까? 이런 경로는 빠르게 개념적 조롱거리가 될 거라고 느껴진다. 게다가 다수결의 기준에서 보았을 때, 1940년의 드골은 무슨 가치가 있는가? 그런데 우리는 단지 '합법적'이었던 페탱과 비교해서 드골이 '적법

---

80   대부분의 사람들은 쉽게 해결할 수 있지만 어리석고 둔한 사람들은 해결할 수 없는, 그리하여 그들을 구분해내는 문제나 도전을 가리키는 관용적 표현.(옮긴이)

하다'고 말하기를 좋아하지 않는가?[81] 도덕적 가치에 의한 고착은 길이길이 남는다. 하지만 각자는 자기만의 도덕적 가치들을 지니고 있다. 그리고 논리적으로, 자신을 위한, 자기 자신만을 위한 적법성을 요구할 것이다. 신이 우리와 함께하신다[Gott mit Uns 82].

사람들은 단지 옆으로 한 걸음 내디딤으로써 이 아포리아로부터 빠져나온다. 특히나, 너무나 나쁘게 구축되어 사유의 장애물이 되는 것으로 끝날 수밖에 없는 범주인 적법성이라는 범주를 치워버리고, 제도적 질서의 완강함에 대한 일반적 질문의 다른 쪽 끝을 포착함으로써 궁지에서 벗어나는 것이다. 제도적 질서는 전복되지 않는 한, 없어지지 않고 남아 있다. 그건 생존력의 동어반복인 셈이다. 다시 말해, 이 경우에는, 제도적 질서가 그 명령들을 존중하도록 결정하는 어떤 방식으로 그 대상들을 변용하는 데 성공하는 한 그러하다는 것이다. 사람들은 생각을 하면서도 경찰의 명령을 순순히 따를 수 있다. 이 경우엔 우리가 순순히 명령을 따를 것이라는 것만이 중요하다. 상황이 다르게 흘러가는 날엔, 말하자면, 그런 몸짓이 정신적 유보 사항에 결합되는

---

81   1940년 2차대전 중에 프랑스가 독일에 패하여 휴전협정을 체결했던 상황에 대해 이야기하고 있다. 페탱은 독일과 휴전협정을 체결하고 비시정부의 수반이 되었으나, 드골은 영국으로 망명하여 프랑스 민족회의를 구성하고 독립운동을 지휘했다.(옮긴이)

82   '신이 우리와 함께하신다'라는 독일어 슬로건은 독일 근현대사에서 정권의 정당성을 홍보하고 국민의 사기를 높이기 위해 사용된 것인데, 특히 나치 정권에서 사용된 것으로 잘 알려져 있다.(옮긴이)

날엔(심한 비난의 정서가 하나의 욕망과 하나의 움직임을 결정할 만큼 충분히 강렬한 날엔), 국가는 국가 자체가 전복될 것임을 직접적 인식을 통해 알게 될 것이다. 우리가 '그럼에도 생각하는' 단계에 머무는 한, 우리는 단지 그 비판적 임계에 접근하기만 할 뿐, 그것을 넘어서지 못한다. 그리고 국가는 늘 그대로 거기에 있다.

현실에선 능력과 인내의 일반 문법(코나투스)은 성경 같은 단순성의 문법이다. 그 문법은 우선 사물을 그 생존력의 기준에 따라 취한다. 그리고 그 기준이 각각의 사물에 대해 충족된다고 추론하는 것은, 그것보다 더 능력 있고 그것을 파괴하지 않은 다른 것이 있다고 알려지지 않은 한에서다.[83] 더욱이, 제도적 질서가 문제가 될 때는 '적법성'에 대한 무익한 고려들을 더하는 것은 아무 쓸모도 없다. 그것은 존재하거나 혹은 존재하지 않는다, 마침표. 그럼에도 이것이 갑작스러운 '마침표'는 아니다. 겉보기에 '실존'이 대등한 제도적 질서들은 그 대상들에 제안하는 삶의 형식들을 따라 계속해서 서로 구별되기 때문이다. 그 결과, 이런 구별은 더 이상 '적법한' 것과 '적법하지 않은' 것을 구별하는 것이 아니라, 개인들과 그 개인들이 형성하는 공동체가 이르게 되는 능력의 정도를 구별하는 것이다. 스피노자는 이에 대해 분명하게 인

---

83   '자연에는 더 능력 있고 더 힘센 다른 것이 존재하지 않는 개별적 사물은 없다. 어떤 것이 주어져 있더라도, 그것을 파괴할 수 있는 더 능력 있는 것이 존재한다.'(『에티카』 4부 공리)

식하고 있다. '한 도시의 평화가 오직 굴종만을 배우도록 가축처럼 인도된 국민의 무기력에 달려 있다면, 그 도시에는 도시라는 이름보다는 고독이라는 이름이 더욱 어울린다. 그러므로 가장 좋은 국가란 사람들이 그들의 삶을 화합 속에서 보내는 곳이라고 할 때, 내가 말하려는 것은, 혈액 순환을 비롯하여 모든 동물들에게 공통된 다른 기능들에 의해서가 아니라, 다른 모든 것에 앞서 영혼의 진정한 덕*인 이성과 그 참된 생명에 의해 정의되는 인간적 삶이다.'[84] 정치적 육체로서 형성된 인간적 대중에게, 연장의 모든 양태에 관해 하듯이 그 능력의 정도에 관해 질문을 제기할 수 있으며, 이런 관점에서, 다른 대중들과 스스로를 구별하는 방식에 대해 질문을 제기할 수 있다. 이것은 또한 다른 한편으로 매우 논리적인 회귀의 효과에 의하여, 그 생존력의 여건을 검토하는 것이기도 하다. 한 국가가 그 국민을 능력 있게 만들거나 능력 없게 만든다면, 국가가 그 국민을 즐겁게 하거나 슬프게 한다면, 국가의 인내의 일반적 조건들은 그에 따라 변양된다. 하지만 그건 능력과 정서의 문제이지, '적법성'의 문제는 아니다.[85]

'적법성'도 없고, 문제들에 대한 또 다른 개념인 '동의'도 없

---

84   『정치 논고』 V, 4-5.

85   이 문제에 대한 더 자세한 분석을 위해서는 다음을 참조하라. 『정서의 사회』, 5장 「적법성은 존재하지 않는다La légitimité n'existe pas」.

다.[86] 능력의 결과들이 있다. 국가는 자신의 질서가 적합하게 변용하기 때문에 자신의 질서를 부과한다. 국가의 질서는 공통의 정서로 변용한다. 그리고 이 변용의 권력은 다름이 아니라, 최종 분석에서는, 바로 그 국민의 집합적 능력이다. 그 능력은 국민의 더욱 완전한 몰이해 속에서 그들 위에서 (그들에 맞대어) 구성되고 포획되고 회귀되는 능력이다. [사람들이 이 몰이해의 결과 속에서, '각성'에 의한 해방이라는 해결책의 표지를 한 번 더 보게 되지는 않길 바란다. 『에티카』 4부 정리 14에 이미 제시되어 있듯이, 그렇다고 해서 국가적 통치권의 원칙에 따른 정념적 기제들을 지적으로 완전하게 의식하고 있는 사람이 자유로워진 것은 아니다. 이런 인식의 (현실적) 진보는 인식으로서의 '어떠한 정서도 억제할 수 없기' 때문이다. 그것은 국가의 변용하는 힘에 비하면 무게도 전혀 나가지 않고, 국가가 파괴된 이후에 '국가의' 고유성을 다시 발생시키는 필연성의 힘에 비해서도 무게가 전혀 나가지 않는다. 그렇긴 하지만 인식이 본질적으로 자유롭게 하지 못한다 해도, 인식에 완전히 아무런 효과도 없는 것은 아니다. 인식은 국가의 문제를 더욱 잘 제기하는 데, 다시 말해 국가의 바람직한 형태들을 더 잘 생각하는 데 도움이 된다.] 그러므로 국가는 '적법성'이나 '동의'에 따라 기능하는 것이 아니라, 능력에 따라, 즉 변용할

---

86 이 주제에 대해서는 다음을 참조하라. 프레데리크 로르동, 『자본주의, 욕망, 예속. 마르크스와 스피노자*Capitalisme, désir et servitude. Marx et Spinoza*』, 파리, 라파브리크, 2010.

수 있는 권력에 따라 작동한다. 국가는 공통의 정서로 변용하며, 그리하여 모두에게서 유사한 행동의 욕망을 결정짓는다. 이는 모두에게 해당하는 것이기는 하지만, 어떤 변종들은 당연히 존재한다. 국가적 능력에 의해 유도된 정서들의 차별화는 서로 다른 개인적 기질들에 따라 이루어진다. 어떤 이들은 공포의 영향으로 국가의 요구에 순응한다. 다른 이들은 나쁜 성향, 너무나 비호의적인 권력의 관계에서 나오는 슬픈 정서의 영향 때문에 순응한다. 그리고 또 다른 이들은 그들에게 규정된 질서에 대한 기쁜 집착에 의해 순응한다. '동의'는 완전한 자기결정이긴 하지만, 순응하여 행동하도록 하는 기쁜 정서가 동반된 외부의 결정(스피노자가 공순恭順/obsequium이라 명명하는 것)으로서, 승낙하는 주체의 진정성을 명확하게 드러내는 것은 아니다. 즉 '동의한다'는 것은 기쁨 안에서 굴복하게 된 것이다. (국가에 부여되는) '적법성'이나 (1인칭으로 표현되는) '동의'는 '절단되고 훼손된' 관념들일 뿐이며, 변용을 받은 육체의 결정에 동시에 생산된 사유의 상관물일 뿐, 변용하는 것들의 원칙은 전혀 아니다.

제도의 정념적 불안

일반적으로 제도들은, 그중에서도 특히 국가는 능력의 어떤 특정한 관계의 효과에 의해서만 그 국민들 위에 군림한다. 그건 하나의 역설적 관계다. 국가의 능력은 늘 차용한 것이기 때문이다. 국가의 능력은 그 국민의 능력이지만, 포획되어 방향이 바뀌고, 제도들 안에서 고정된 권력이다. 마찬가지로 그것은 불안정한 관계, 혹은 적어도 절대 보장되지 않는 관계다. 최종 분석에서, 국가의 능력이 대중의 자기변용이 택한 어떤 특정한 형식에 지나지 않는 것이라면, 어떤 것도 또 다른 형식이 그것에 닥칠 수 있음을 배제하지 못하며, 이 형식이 처음에 권력을 부여한 국가의 제도적 구조에서 다시 권력을 빼앗는 속성과 거기에서 결정화된 대중의 잠재력을 다시 풀어주는 속성을 가지고 있음을 배제하지 못한다. 사실 위험은 영구적이다. 어떤 것도 국가 권력이 등을 기대고 있는 능력 관계를 영원히 보장할 수 없기 때문이다. 만일 국가가 포획하는 데 성공한 대중의 능력 외에 내재적인 능력을 전혀 갖고 있지 않다면, 포획이 오래 지속되어야만 하는 것이다.

그럼에도 이 포획이란 것이 불완전하고, 전복될 수 있으며, 모든 권력의 원칙적인 불안정성을 만들어낼 수도 있음을 스피노자는 명시적으로 말하고 있다. '왕의 검, 즉 왕의 권리는 실제로 대중 자체나 혹은 대중의 가장 강한 부분의 의지다.'(『정치 논고』 VII, 25)[87] 사실 사람들은 이를 잘 알고 있다. 어떠한 제도도 절대 만장일치를 이루지는 못하며, 다만 대중의 잠재력의 '가장 강한 부분'에 의해서만 권력이 부여된다. 공용어에는 방언들이 있고, 화

---

87   강조 표시는 내가 한 것.

폐에는 그에 상응하는 실제 교환 수단들이 있다. 그리고 국가에는 반항하는 이들이 ─'가장 덜 강한 부분'이 ─ 있기 마련이다. 그러므로 모든 제도는 관망적 태도의 근본적인 무음의 소리 아래서만 유지된다. 그런데 그것이 그르렁거리는 소리를 낼 수 있는 가능성이 있다. 스피노자는 이렇게 주장한다. '나는 어떤 도시에서든 그 주권자에게 그가 능력에 의해 국민보다 우월한 정도까지만 국민에 대한 권리를 허용한다.'[88] 주권자가 대중의 잠재력에서 가장 큰 부분을 늘 자신의 옆에 두는 한에서 그러하다고 이해된다. 이제 할 말은 모두 다 했다. 그 성패의 시금석은 '가장 덜 강한 부분'이 가장 강한 부분이 될지 모른다는 위협 아래 영구적으로 유지되는 모든 제도적 질서의 가느다란 줄무늬 속에 있다.

그럼 권력을 확립하는 능력의 관계는 어떤 조건들에서 동요되는가? 결국 권력의 불행을 만들어내는 것은 언제나 권력 자신이다. 스피노자가 말하길, 권력은 '스스로에 위배되는 과오를 범한다'. 하지만 여기서 '과오를 범한다'는 것은 자신의 고유한 인내의 요건들에 위배된다는 것으로서, 그 내재성의 의미에서 이해되어야 한다. '도시는 자신의 파멸을 야기할 수 있는 것을 수행하거나 방기할 때 과오를 범하는 것이다.'[89] 권력은 사랑으로 군림할까? 사람들이 권력을 '적법하다'고 말하면, 권력은 두려워할 것이

---

88   스피노자, 『정치 논고, 서한』, 서한 50.
89   『정치 논고』 IV, 4.

거의 없다. 권력은 불안으로 군림할까? 공순은 코나투스의 반응 기제에 따라 스스로 그 원인을 밀어내고 싶은 욕망을 낳는 슬픈 정서들에 둘러싸여 있다.[90] 그러나 여전히 이 욕망이, 단번에 불안의 원인을 불러일으키는 손실들을 피하려는 욕망보다 우세해야 할 필요가 있다. 그럼에도 '어디엔가' 가증스러운 기분이 변용적 균형을 뒤흔드는 임계가 있다. 이 임계란 바로 격분이 시작되는 경계다. '가장 많은 이들을 격분하게 만드는 것이야말로 도시의 권리에 가장 적게 속해 있음을 고려해야 한다.'(『정치 논고』 III, 9) 여기서 중요한 것은 단어들의 표면적인 의미에 걸려들어서는 안 된다는 것이다. 즉 여기 있는 단어들을 별 생각 없이 우리가 흔히 쓰는 어휘들로 고쳐 읽으면 안 된다. 우리의 일상 어휘들은 스피노자의 어휘들이 아니기 때문이다. 스피노자가 말하는 권리는, 고전적 정치 철학에서와 마찬가지로, 법률적인 개념이 아니다. 여기서 권력이란 엄격한 의미에서 능력의 동의어다. '각자는 능력에 따라 가치가 있는 만큼의 권리를 갖는다'라고 『정치 논고』 II, 8에서 밝히고 있다. 그러므로 '도시의 권리'란 우리를 무언가로 만들 수 있는, 그러니까 우리로 하여금 무언가를—공순의 몸짓들을—하도록 만드는 도시의 권력이다. 그런데 이런 능

---

90   '슬픔이 크면 클수록 그것이 필연적으로 반대되는 인간의 활동 능력의 부분도 더욱 크다. 그러므로 슬픔이 크면 클수록 인간은 그만큼 큰 활동 능력을 가지고 슬픔을 쫓아버리려 노력할 것이다.'(『에티카』 3부 정리 37 증명)

력이 무한대로 펼쳐지지는 않는다. 국가조차도 사람들에게 무엇이든 하게 하지는 못한다. '실제로 내가 정당하게 이 탁자를 가지고 원하는 바를 할 수 있다고 말한다 해도, 이 탁자가 풀을 먹게 할 권리가 내게 있음을 의미하는 것은 물론 아니다! 마찬가지로, 우리가 사람들이 그들의 권리가 아니라 도시의 권리에 지배를 받는다고 말한다고 해서, 사람들이 인간적 본성을 잃고 다른 본성을 띠게 된다고 말하는 것은 아니며, 따라서 도시가 사람들을 날아오르게 하거나—이는 또한 완전히 불가능한 일이기도 하다—웃음이나 혐오를 유발하는 것을 명예롭게 여기게 할 권리를 가지고 있음을 의미하는 것 또한 아니다.'(『정치 논고』IV, 4)

'또한 완전히 불가능한 일'이란 구절은 매우 축자적으로 읽어야 한다. 이 구절에서는 육체에 대한 스피노자의 자연주의가 언뜻 보인다.[91] '인간, 즉 관념들의 존재'를 찬양하는 자들을 한 번 더 실망시키거나 분노하게 만들 각오를 하고 말하자면, 인간이 할 수 있는 것과 할 수 없는 것, 인간이 감당할 수 있는 것과 감당할 수 없는 것을 말해주는 것은 육체다. 또한 인간이 날아다닐 수 없다는 것과 모욕이나 권력의 학대를 견딜 수 없다는 것도

---

[91]   여러모로 오해하기 좋은 스피노자의 자연주의에 관해서는 다음을 참조하라. 이브 시통과 프레데리크 로르동, 「한 장의 사진에 대하여A propos d'une photo」, 이브 시통과 프레데리크 로르동 편, 『스피노자와 사회과학. 대중의 능력으로부터 정서들의 경제까지Spinoza et les sciences sociales. De la puissance de la multitude à l'économie des affects』, 파리, 에디시옹 암스테르담, 2008.

마찬가지로 육체를 통해서 드러난다. 전자의 경우엔 능력이 없는 것이고, 후자의 경우엔 반항하는 것이다. 정말로 치욕이 새겨지는 것은 육체를 통해서다. 사람들은 치욕을 보고, 듣는다. 한 권력자가 가난뱅이에게 와서 이렇게 말한다. '양복 한 벌을 원한다면, 일하기만 하면 된다.' 물리적인 대면 장면은 몹시 놀랍다. 농부는 자신의 심상들과 관념들을 말의 발자국에서부터 연결하는 데 익숙할 것이다. 마찬가지로 우리는 우리 자신의 심상들과 관념들을 권력자의 의상과 가난뱅이의 티셔츠에서부터 연결하는 데 익숙하다. 부유함과 가난함, 지배층의 분별없는 오만함, 마리 앙투아네트의 케이크에 이르기까지, 그 모든 심상들을—아마도, 뒤이어지며 우리 안에 비슷한 욕망들을 발생시키는 것의 다른 모든 심상들도 함께—다시 불러 모으려면 말이다. 다른 곳에서는 경찰의 폭력에 대한 심상들이 우리를 강타했다. 여기서도 여전히 자동 연쇄작용이 작동하는데, 더욱이 각자의 습관에 적합한 방향들로 작동한다. 어떤 이들은 (억압해야 할) 무질서의 심상들을 지니고 있고, 다른 이들은 억압의 역사 전체에 대한 심상들을 지니고 있다. 어쨌든 후자의 사람들을 위해서는 한계를 넘어서는—세 명의 경찰에게 두들겨 맞은 열다섯 살 고등학생과 같은—심상들이 있다. 그런데 보이는 것에 사로잡히는 것은 바로 육체다. 탁자는 풀을 뜯어 먹을 수 없고, 사람은 날아다닐 수 없다. 그렇지만 어떤 특정한 육체들은 그런 식의 성향이 생겼기에 특정한 광경에 대해 계속해서 완강하게 거부할 것이다.

우리가 '물리적'인 것들이라고 말할—날아오를 수 없다는 것과 같은—불가능한 것들과, 우리가 도덕적이라거나 지성적인 것이라고 말할 불가능한 것들을 뒤섞고, 거기에다 인간의 고유한 속성으로 여겨지는 이 훌륭한 정신에 유보되어 있는 것들까지 뒤섞어놓은 것은 스피노자가 의도적으로 한 일이었다. 정신이야말로 인간성의 진짜 거처이며 짐승은 그저 '육체일 뿐'이라는 육체와 정신의 이원론이 얼마나 잘못된 것인지를 새삼 다시 알려주기 위한 의도가 있었다. 정말로 '정신과 육체란 하나이며 동일한 것이되, 어떤 때는 사유라는 속성으로, 어떤 때는 연장이라는 속성으로 구상되는 것이다'(『에티카』 3부 정리 2 주석). 자연스레 데카르트적으로 육체를 정신의 통제 아래 두는 우리의 모든 재현들을 꼭대기에서부터 무너뜨리는 무언가가 여기에 있다. 그런데 스피노자가 인간에 대해 취하고 있는 관점의 특수성은 인간의 모든 방식들에서 기인한다. 인간이 스스로를 유지하고 스스로를 움직이는 방식들은 물론, 우리가 자연스레 '정신'에 관련짓는 방식들, 즉 판단하고 사유하고 관념들을 연결하는 것까지 포함된다. 이 모든 방식들은 육체의 윤곽과 특징에 의거하여 습득되고 안정된다. 하지만 이것은 정신과 두뇌를 혼동하는 인지과학의 저속한 유물론에서 희망하는 것처럼 육체적 사건들의 부수 현상적 표현의 차원에서 관념들이 산출된다는 것은 결코 아니다. 그러므로 관념은 육체에 대해 부수적인 것이 아니다. 정서의 정신물리적 논리, 즉 육체와 정신의 합일의 논리에 따라 육체의 움직이는 능력의 변이들과 관념작용은 동시에 발생한다.

역설적으로 보일 게 틀림없긴 하지만, 그것이 바로 사람들이 무엇보다 육체의 성향에서 지성적이거나 도덕적인—정치적인—격분의 원칙을 찾아야 하는 까닭이다. 그렇긴 하지만 정신을 향한 육체의 전도된 인과법칙의 양태로 되어 있는 것은 아니다. 변용된 육체, 즉 외부의 사물과 육체의 만남이 먼저 오고, 격분의 강렬한 충격과 정신에 의한 격분의 관념 형성이 동시에—육체와 정신은 하나이니까—뒤따르기 때문이다. 그러므로 스피노자가 풀을 뜯어 먹지 않는 탁자들, 명령을 받고도 날아오르지 않는 사람들, 그리고 더 이상 국가에 복종하지 않는, 국가의 지배력에서 벗어나려는 모든 '지성적' 동기들을 한꺼번에 같이 거론하는 것은 매우 논리적인 것이다. '보상을 통해서든 위협을 통해서든, 어느 누구도 그렇게 하도록 이끌 수 없는 행동들은 도시의 권리에 속하지 않는다. 예를 들면, 어느 누구도 자신의 판단 능력을 양도할 수는 없다. 어떤 보상과 위협이 실제로 한 사람을 이끌어서, 전체가 부분보다 더 크지 않다고, 신이 존재하지 않는다고 믿게 하며, 유한하게 보이는 육체가 무한하다고 믿게 하고, 일반적으로, 그가 느끼거나 그가 생각하는 것에 반대되는 무언가를 믿게 할 수 있겠는가.'(『정치 논고』 III, 8) 전체가 부분보다 더 크다거나

신이 존재한다는 관념을 유지하려는 것, 바로 여기에 국가의 적이 될 실제적 동기들이 있다. 우리로 하여금 다르게 생각하도록 만드는 일을 국가에서 착수하는 경우라면 말이다. 어떤 것도 우리가 이런 관념들을 단념케 만들 수는 없을 것이다. 그리고 국가가 부분이 전체보다 더 크다고 단언한다면, 우리는 격분하여 반란을 일으킬 것이다. 사람들은 관념작용(전체, 부분, 신)과 보이는 것(국가가 무한한 것으로 간주하는 유한한 육체)이 불분명하게 섞여 있는 것을 한 번 더 보게 된다. 어쩌면 모든 사람들이 전체가 부분보다 더 크다고 주장하기 위하여 국가의 적이 될 준비가 되어 있지는 않다고 말할 수도 있겠다. 그럼에도 이 구절이, 그 예들의 본성을 넘어서서, 우리에게 믿음과 확신이라는 너무도 근본적인 사항들을 총칭적으로 말해주기에, 거기에 다시 의문을 제기하여 검토한다는 것이 더 이상 단순한 변증법적 모순이 아니라 견딜 수 없는 모욕이 될 정도라는 사실은 충분히 분명하지 않은가?

인게니움에 따라 변이되는 격분

그럼에도 모욕의 임계가 모든 사람들에게 똑같지는 않다는 사실이 남는다. 그건 개인적 반항을 넘어선 정치적 반란이 시작되는 데 결정적인 여건이 된다. 실제로 문제가 되는 것은 대중의 '가장 덜 강한 부분', 즉 '검을 지탱하지 못하는' 부분이 '더 강한' 부분이 되는 산술적인 문제다. 개인적인 샛길들이 중요한 게 아니라, 집합적 정서들의 역동에서 포괄적인 진로 변경이 중요하다. 그런데 개별적인 진로 변경의 지점들은 제각기 서로 다르다. 우리가 그것을 아는 것은 '서로 다른 사람들이 하나이며 동일한 대상에 의하여 다른 방식으로 변용될 수 있다'는 것을 알기 때문이다. 어떤 것 하나가 그 자신의 결과들을 일의적으로 결정하지 못한다. 그것이 산출하는 정서들은 그것이 통과하는 정서적 기질(인게니움)을 통해 공동으로 결정된다. 신이 존재하지 않는다고 말하는 것이 대수로운 일이 아닌 (어쩌면 즐겁기까지 한) 무신론자들도 많이 있다. 인사부장의 셔츠가 찢기던 광경이나 경찰이 폭력을 행사하던 광경은 구별되는 인게니움들을 통과하면서 굴절되어 구별되는 정서들을 산출할 수 있다.

사람들은 개인들이 제도적 질서들에 아주 대조되는 관계들을, 즉 그 모든 변용 경로에 의해 결정되는 관계들을 자신의 인게니움 안에서 요약되는 대로 보존한다는 것을 너무나 잘 알고 있다. 그리고 각각의 개인은 자신의 고유한—정서적이고 성향적인—몫들을 가지고 있으며, 참을 수 있는 자와 참을 수 없는 자로 나뉜다. 참을 수 없는 자는 어떤 구체적인 상황 앞에서도 위계와 명령과 복종에 고분고분하게 순응하지 않는다. 그건 하나의 주름(하나의 인게니움)이다. 상사와 싸우고, 상사가 없는 삶만을 바라며, 기회가 찾아오면 당장에 공공연한 반란을 일으킬 준비가 되어 있다. 반면에 참을 수 있는 자는 있는 그대로의 사물에서 절대로 흠결을 찾아내지 않는다. 사물들이 그를 화나게 하는 일은 전혀 없으며, 상사는 상사고(상사도 있긴 있어야 한다), 임금제는 자연스러운 생활 수단이며(다른 수단이 있겠는가?), 기업은 일자리를 창출한다(그러므로 그들에게 도움이 된다). 이런 그를 들고일어나게 하려면 아주 멀리까지 나아가야 할 것이다. 즉 참을 수 있는 사람을 봉기하도록 만들기까지 참을 수 없는 사람은 멀리까지 나아가야 할 것이다. 이 두 사람 이외에 제3의 사람은 또 다른 것을 바랄 테지만, 그런 사람은 무엇이든 새로 시도하는 데 대한 두려움 속에서 살아가는 사람이다…….

  사람들은 하나의 인게니움 안에 주름진 것들을 모두 본다. 사람들은 인게니움으로부터 심리학적으로 고찰하는 개념을 어렵게 만들어낼 텐데, 그건 당연한 일이다. 인게니움은 외부 사물과의 만남을 통하여 우리 몸 안에 생겨난 흔적과 주름의 통합체다. 그러나 우리가 만나는, 특히 이른 시기에 만나는 사물의 대부분은 제도적이고 사회적인 것들이다. 우선은 당연히 부모가 있고, 부모들 안에는 이미 사회 전체가 어떤 특정한 방식으로 (부모들의 방식으로) 접힌 주름으로서 존재한다. 그리고 교사, 경찰, 학교, 도덕, 권리, 의무, 매체, 지원서 양식, 고용주, 오픈 스페이스 등, 이 모든 것들은 우리 안에 흔적을 남겨놓으면서 우리가 그것들을 처음 만났던 방식을 따른다. 마찬가지로 우리에게 닥칠 일들의 여파나, 우리가 그것들을 새로이 만나게 될 방식, 또는 처음

만난 것들의 효과를 강화하거나 완화하거나 파괴하게 될 다른 것들을 만나게 될 방식을 따르기도 한다. 그 흔적들은 원칙적으로 언제나 변경될 수 있다. 예를 들면, 반대 작용에 노출되는 일을 오랫동안 겪는다든지, 사람이든 사건이든 혹은 상황이든, 단 한 번의 만남으로 인한 갑작스러운 동요를 겪는다든지, 하여간 새로운 흔적으로 옛 흔적들을 압도할 수 있을 만큼 능력이 있는 변용이라면 가능하다. 클로델과 기둥의 일화[92]라든가, 사회운동의 불꽃 속에서 정치인이 탄생한다든가, 어떤 거장이나 어떤 작품을 만남으로써 자신의 사명을 찾는다든가 하는 일들이 그러하다.

실제로 인게니움은 공통된 결정들과 개별적인 결정들을 끊임없이 뒤섞는다. 공통된 결정들은 다양한 사회적 집단들, 특히 물질적 실존 조건에 따른 계층들 내부에서 이루어지는 경험 같은 것들이다. 비슷한 변용들과 비슷한 배열들, 상대적으로 어떤 특정한 상황들이나 어떤 특정한 관행들에 공통된 방식들이 그러하다. 여기서 사람들은 인게니움에 관한 이론을 통해서 사회학의 가장 잘 알려진 경험적 결과들 가운데 하나를 재발견한다. 사회집단은 그 취향, 화법, 용모 등에서 상당 부분 동질적이라는 것

---

[92] 프랑스의 외교관이자 시인이며 극작가인 폴 클로델(1868~1955)이 18세 되던 해 크리스마스 때 파리 노트르담 성당의 정문에 있는 성모마리아상 기둥 옆에서 저녁 기도를 하다 강렬한 영적 체험을 하고 이후로 열렬한 가톨릭 신자가 되었다는 것은 유명한 일화다.(옮긴이)

이다. 그건 공통된 경험들이 있기 때문이다. 하지만 특수한 경험들도 비등하게 존재한다. 어떤 특정한 관계 아래에서 여러 방식들이 동질화된 그런 집단에 속해 있음에도, 나 혼자만 경험한 만남들이 있고, 나 혼자만 살아낸 상황들이 있기 때문이다. 그런 만남과 상황은 공통된 흔적들을 부수고 나의 지배적인 변용들이 되고 나의 주요한 흔적들이 되어 나를 그 집단으로부터 갈라져 나오게 할 수 있을 만큼 강렬해지기도 한다.[93]

동시대의 차별화된 사회들은 사회적 공간의 지역들에 따라 부분적으로 동질화된 개별적 인게니움들로 이루어진 조각보와 같다. [정치적 육체의 인게니움[94]에 대해서는 개념적으로 이야기할 필요가 있을 것이다. 정치적 육체의 인게니움은 내재적으로 심하게 차별화되어 있는 복합적 인게니움으로—모든 개별적 인게니움들과 그 상호변용들의 구조로—구성되어 있으며 이 인게니움을 통하여 정치적 변용들이 굴절된다.] 정치적 위기의 사회학은 그 나름의 방법으로 오래전부터 하나이며 동일한 대상이 서로 다른 사람들을 다른 방식으로 변용할 수 있다는 이 관념을 거부했으며, 반대로, 동일한 상황이 대규모의 동질화된 반응(정서)을

---

93   샹탈 자케가 전개한 '계급종단'의 모든 문제가 이러하다(『계급종단자들 또는 비재생산』).

94   본래 개별적 육체들을 위해 공식화된 개념들로부터 정치적 육체로 이동한 데 대한 이론적 정당화에 대해서는, 그리고 보다 일반적으로 '정치적 육체'라는 범주의 용법들에 대한 개념적 재정립을 위해서는 다음을 참조하라. 『임페리움』, 5장 「정치적 육체라는 것(정치적 육체가 할 수 있는 것)Ce qu'est un corps politique (ce que peut un corps politique)」.

산출할 수 있는 조건들에 대해 의문을 제기했다.[95] 공통된 하나의 정서를 산출하기 위한 개별적 기질들의 (지역적) 다양성을 초월하는 것을 고유한 속성으로 지닌 상황이나 권력의 남용은 어떤 것일까? 예를 들어, 질서를 선호하는 인게니움을 최고치로 지니고 있는 이들조차 눈이 돌아가도록 만들 일정 수준 이상의 경찰 비리가 어딘가에는 존재한다.

하지만 반란의 역동이 이런 방식으로 형성되는 것일까? 전체 '대중'이 모욕적인 변용에 단숨에 사로잡힌다는 이런 모델은 지나치게 단순한 게 아닐까? 확실히 그렇긴 하다. 스피노자의 명제를 거기에 가두려면 협의狹義의 독해가 필요할 것이다. 정치적 위기나 혁명에 대한 사회학의 자세한 분석들이 빠져드는 하나의 조합에 실제로 근본적 요소들을 제공하는 것, 그것이 바로 그럼에도 최소한으로라도 인게니움의 이론을 따라야 하는 까닭이다. 즉 (전체적이든 지역적이든, 집단들의 구성 원칙은 상관없이 사회적 집단들에 따라) 공통된 변용가능성과 특수한 변용가능성의 변증법을 파악하기 위한 것이다. 예를 들면, 격분의 첫 임계들을 넘어선 그러한 집단의 개인들이 지닌 특수한 변용가능성과 만났기 때문에 국지적으로 탄생한 어떤 운동이 확대될 수 있는 조건들을 명확

---

95 이 문제에 대한 고전적 참고문헌은 다음과 같다. 미셸 도브리Michel Dobry, 『정치적 위기의 사회학Sociologie des crises politiques』, 파리, 국립정치학연구소출판부Presses de la Fondation nationale des sciences politiques, 1992.

하게 파악하기 위해서다. 여기서 격분이란, 이제는, 최근 몇 년 사이에 대중화된 해롭지 않은 도덕주의로 빚어진 젤라틴 같은 '개념'과는 다른 어떤 것이라고 말해야 할 때가 된 것 같다. 스피노자에게 격분이란 '그것 말고 차라리 모든 것'이라고 말하게 하는 이 양도할 수 없는, 오불관언하는 태도의 이름이다. 스피노자는 '보상을 통해서든 위협을 통해서든, 어느 누구도 그렇게 하도록 이끌 수 없는 행동들'의 예를 거론하기 전에 '어느 누구도 자신의 판단 능력을 양도할 수는 없다'라고 썼다. 그러므로 가장 근본적인 의미에서 생각해볼 때, 스피노자가 말하는 격분은 인내의 지점을 넘어선 것이며, 그 지점을 넘어섰을 때 국가(어떤 것이든 제도라는 것, 일반적으로 제도적 권력)는 국민에 대한 영향력을 모두 잃는다. 어떤 고결한 자세를 두서없이 이름 짓는 것과는 거리가 멀다. 그러므로 격분이란—권력의 규범들 바깥에서 권력에 맞서—육체의 새로운 운동들을 결정짓는 정서의 지점이다.

그렇기는 하지만, 도를 넘을 만큼 권력이 과도한 예외적인 경우를 제외하고는, 동시에 모든 사람들이 격분의 임계를 넘어서지는 않는다. 이는 격분의 임계가 인게니움의 다양성과 상호 연관되어 있다는 사실 때문이다. 각 사람은 자신의 집단(들)과 자기 고유의 변용가능성들 속에서 공유하는 종합적 변용가능성의 어디엔가 임계를 가지고 있다. 어떤 이들은 사회적 세계 속에서 그들의 특수한 위치 때문에 다른 사람들보다 먼저 그 임계를 넘는다. 바로 여기에서 전적으로 일반적인 철학적 접근 방식의 한계가 드러나며, 사회과학에 의한 중계의 필요성이 인식된다. 실증적 인식의 기획만이 (분명히 대부분은 경험적으로) 사회적 육체의 감각 가능한 지대가 어디에서 발견되었는지, 아주 작은 일에도 촉발될 수 있을 만큼의 분노 축적이 어디에서 이루어졌는지를 가리켜 보일 수 있다.

반란의 정념적 역학情念적

그러므로 문제는 그렇게 국지적으로 움직이기 시작한 분노의 확장이나 축소에 관한 것이다. 사회적 공간의 다른 지역들에서는 무슨 일이 벌어지는가? 그 지역들에서는 행동에 들어가는 데 결여되어 있던 기회가 최초의 불꽃 속에서 발견되는가? 그 지역들의 정서는 어디에서 평형을 이루는가? 제도적 질서에 저항하는 데는 언제나 위험이 따르기 마련이다. 탄압당할 위험, 일자리와 생존 수단을 잃을 위험 등등. 신고전주의 경제학자라면, 주동자들이 반드시 반항의 비용과 이득을 조심스레 계산해볼 것이라고, 그리고 일단 그 계산의 결과를 눈으로 직접 본 다음에야 '결정을 내릴 것'이라고 설명할 것이다. 하지만 이건 교조적인 환영幻影의 드라마일 뿐이다. 여기서 거사를 '계산하는' 사람은 아무도 없다. 즉 무언가가 계산된다면 그건 오직 『에티카』 4부 정리 7[96]의 기본 법칙과 그다음으로 인게니움의 가중법을 따라 작동되는 정서들의 산술이다. '각자는 자신의 정서에 따라 좋은 것과 나쁜 것, 더 좋은 것과 더 나쁜 것을 판단하기 때문이다.'[97] 그러므로 어떤 한 방향으로 밀고 나오려는 무리의 정서들이, 내리누르고자 애쓴 다른 무리의 정서들을 어느 한순간에 능가한다. 그러면 바로 행동이 개시되는 것이다.

그러므로 '비용'과 '이득'이 있다면, 그건 경제학의 의미에서가 아니라, 정서적 강도의 의미에서, 욕망과 불안과 희망의 정념적 의미에서 있는 것이다. 그렇다면 그 평형을 이루던 상황들은 어떻게 기울어지는 것일까? 이건 반란의 편에서 볼 때 결정적인 질문이지만 그런 만큼 권력의 편에서도 결정적인 질문이다. 운동의 역동은 어떤 정서적 보충물을 가지고 처음에는 멀리 떨어져 있던 이들을 부추기는 것일까? 봉기는 정서의 모방이 일어나도록 기능한다(『에티카』 3부 정리 27). 사람들이 말하길, 어떤 이들의 광경은 다른 이들에게 '관념들을 제공한다'고 한다. 무엇보다도 새로운 정념적인 강도를 더해준다. 이것들이 동시대의 평형을 이루던 상황들에 더해져서 결국에 한쪽으로 기울어지게 만들고, 그리하여 전대미문의 행동을 향한 욕망을 결정짓도록 만든다. 이미 진행 중인 운동에 자신의 육체의 운동을 결합하는 것, 복종

---

96   '정서는 그것과 반대되는, 그리고 더 강력한 어떤 정서에 의해서가 아니면 억제될 수도 없고 제거될 수도 없다.'

97   『에티카』 3부 정리 51 주석.

하지 않고 파업을 일으키며 봉기하는 자로 스스로를 선언하는 것이다.

소요의 궤적을 예상하거나 재구성하는 것은 사회과학에서 다루는 일이다. 시내 중심의 녹지 공간을 지키는 것이 어떻게 국가 규모의 저항적 운동의 결정체가 되는가? 이질적인 분노의 정서들이 하나로 수렴되는 일은 어떻게 실현되는가? 거기엔 어떤 잠재적인 오해가 있는가? 아니면, 그 기회를 위해 묵살된 어떤 의견 대립이 있었는가? 그 운동에 대해 권력의 반응은 어떤 예측 불가능한 방향을 취하게 되는가? 두려움인가? 아니면 배가된 분노인가? 권력 쪽에서 정규적인 정치적 개입에 의해 '그들을 어떻게 할 것인가?'라는 질문을 제기하는 것과 마찬가지로, 봉기를 일으킨 쪽에서도 '어떻게 시작할 것인가?'라는 질문을 제기한다. 결국 집합적인 정서적 역동들의 형성과 진화에 관한 질문들이다. 그리고 언제나, 정념적 환경에 의해 제공되는 똑같은 불분명함이 있다. 에리크 아장은 1789년 7월 13일에 모든 것이 고요했음을 즐겨 상기한다.[98] 정치적인 분출이 권력을 불시에 덮치고…… 많은 경우에 그 당사자들까지도 모두 덮칠 거라는 것은 상식이다! '그 덮치는 것'은 무엇이 만들어내는가? 그리고 그것은 어떻게 전파되는가?

---

[98] 에리크 아장Éric Hazan, 『프랑스 대혁명의 역사Une histoire de la Révolution française』, 파리, 라파브리크, 2012; 『폭동의 역동. 과거와 미래의 반란들에 대하여La Dynamique de la révolte. Sur des insurrections passées et d'autres à venir』, 파리, 라파브리크, 2015.

156

여기서 스피노자적인 사회과학의 관점은 반란의 정념적 역학(力學)의 관점일 것이다. 최초의 불꽃은 어디에서 일었으며, 어떤 '경로'를 따라 '번졌는가'?

재정적 운동만이 아니라 정치적 운동을 포함한 여러 영역에서 지적되었듯이, 하나의 위기는 대체로 잘 분리되어 있는 국지적인 영역과 전체적인 영역이 융합되어 일어난다. 그러나 그 둘이 서로 소통하기 시작하는 것은 중대한 역동들이 일어날 거라는 전형적인 기호가 된다. 상호변용들의 일반적 구조가 분극화되면서, 이를 통해 국지적 사건들이 전체적 영향권을 갖기 시작한다. 예를 들어, 사람들은 여기에서 재정적 불안정성의 문제에 관련된 체제적 위험의 정의를 전형적으로 인식한다. 마찬가지로, 정치적 위기 상황은, 국지적으로 일어난 하나 이상의 주도적 행동들이, 때로는 규모가 매우 작기도 하지만, 확대 및 부수적인 모방을 겪게 되었다는 사실에서 (사후에야 뒤늦게) 인식된다. '자유의 카라반'이라고 불린, 멘젤 부자이안에서부터 튀니스에 이른 2011년 1월의 행진은 결국 카스바의 두 번째 점령으로 귀착되었다.[99] 하지만 맨 처음에는, 벤 알리 대통령이 떠난 뒤 여당인 입헌민주연합

---

99 '자스민 혁명'이라 불린, 2010년에서 2011년까지 튀니지의 변혁 과정에 관한 이야기다. 생계 수단을 잃은 한 노점상 청년의 분신자살로 촉발된 소요 사태는 독재자 벤 알리 대통령을 해외로 축출하는 데 일단 성공했다. 하지만 이후 집권 여당 입헌민주연합의 완전한 축출을 위해 튀니지노동총연맹에서 남부 사막 지역부터 튀니스에 이르는 시위 행진을 조직했고, 이에 노동자들과 학생들을 비롯한 온 국민이 호응함에 따라 결국 정권 교체가 성공적으로 이루어졌다.(옮긴이)

의 잔류 권력이 전복되고 제헌 과정이 개시되던 시기에, 한 줌의 활동가들이 주창하여 튀니지노동총연맹 조합 부문의 한 지소에서…… 혹은 그들의 집에서 조직되었을 뿐이었다.[100] 시디 부지드에서 첫 단계를 넘어섰을 때에도 모인 사람들은 수십 명밖에 되지 않았다. 애초에 그들은 어떤 몽상가들이거나 철저한 극단주의자들로 여겨졌다.[101] 사람들은 이제 그 일이 어떻게 끝날 것이었는지를 알고 있다. 그러나 누가 그것을 사전에 말할 수 있었을까? 이런 부류의 질문에는 일반적 대답이란 전혀 없다. 이런 질문은 어떤 한 국면에서만 결정되는, 말하자면, 특유한 정념적 형상에서만 결정될 뿐이다. 대체로 그러하듯이, 성공만이 아니라 실패에 관한 이야기를 기괴함과 비극적임 사이에서 만들어낼 필요가 있을 것이다. 기괴할 때는, 들판에 불을 놓아야 한다고 믿었던 한마디의 구호가 별 볼 일 없는 10여 명의 사람들밖에 모아들이지 못했을 때다. 이는 향사회성의 한 형태로부터 나오는, 다시 말해, 그 특수한 성향들의 보편성에 대한 믿음으로부터 나오는 조준 오류다. '각자는 자신의 정서에 따라 좋은 것과 나쁜 것을 판단한다'는 것을 잊고, 나를 분노하게 하는 것은 사람들을 보편적으로 분노하게 한다는 투사적 가설을 의식하지 못한 채

---

100 슈크리 흐메드Choukri Hmed, 「민중은 정권의 몰락을 원한다Le peuple veut la chute du régime」, 『악트 드 라 르세르슈 앙 시앙스 소시알Actes de la recherche en sciences sociales』, n° 211-212, 2016, p. 72-91.

101 같은 책.

행동하는 것이다……. 비극적일 때는, 분쟁이 일어나 모방의 잠재성을 펼치기 전 초기 단계에서 완전히 없애버리기 위해서 최초의 모든 반란적 움직임들에 난폭한 억압이 가해졌을 때다.

필연적이라 표상된 원인들의 장애물

그러므로 결정적 임계를 넘어선다는 것은 하나의 수수께끼로 남는다. 하물며 거기에 반대되는 모든 것을 고려할 때는 더욱 그러하다. 제도적 질서들은, 그 억압적 행동과 상관없이, 조용히 일하는 정념적 세력들의 원조를 기대할 수도 있다. 첫 번째 세력은 사물의 자연 상태에 관한 상상에서 기인한다. 그건 실제로 '우리가 자유로운 존재라고 표상하는 사물에 대한 사랑과 미움은, 다른 사정이 똑같다면, 필연적인 사물에 대한 사랑과 미움보다 더 크지 않으면 안 된다'(『에티카』 3부 정리 49)는 것이다. 우리는 우리가 그 안에서 살고 있는 사물의 질서를 어떻게 표상하는가? 자유롭다고 표상하는가, 아니면 필연적이라고 표상하는가? 일반적으로 개인적인 (혹은 상호-개인적인) 정념적 삶에 바쳐진 부분이라 여겨지는 『에티카』 3부에서는 심원하게 정치적인 반향들을 향해 하나의 언명을 전달한다.[102] 물론 우선 『에티카』 3부 정리 49를 1인

---

102 사실 이 언명이 유일한 것은 아니다. 『에티카』 3부 정리 12에서도 이데올로기에 관한 명제 하나를 볼 수 있으며, 『에티카』 3부 정리 46에서는 우리가 한 개인을 위해 그의 계층이나 그의 민족 전체로 그 정서들을 확장하는 데 쓰이는 혼합물들을 매우 명시적으로 이야기하고 있다.

칭의 경험들을 참조하여 이해할 수 있다. 그래, 내가 자유롭다고 표상하는 한 사람이 이웃의 삶을 해친 경우 그 사람에 대한 나의 미움은 사고나 질병같이 내가 필연적이라고 표상하는 원인들에 대한 나의 미움보다 더 클 것이다. 하지만 정치적 확장은 그 자체로 제공된다. 내가 사물의 질서를 하나의 체계로, 하나의 비인격적 개체로, 다시 말해 하나의 필연적 원인으로 표상하는지, 아니면 내가 사물의 질서를 자유롭다고 표상된 개인-원인들 안에 구현하는지에 따라, 나의 정서의 강도가 변할 것이다. 즉 전자보다는 후자의 경우에 내 정서는 더 셀 것이다. 바로 그러한 까닭에 사회적 사실들을 자연 상태처럼 보이도록 만드는 것은 보수적 수사법의 결코 녹슬지 않는 무기다. 하지만 지금으로선 그게 무슨 소용이 있을까? '사물의 자연스러운 흐름'을 빗나가게 하고 싶은 것, 즉 그 모순어법적 표명조차 실패하도록 운명 짓는 기획이 무슨 소용이 있을까? 자본주의가 하나의 자연 상태라면, 자본주의의 결과들에 대항하는 것은 자기 자신을 더 가볍게 느끼기 위해 중력가속도를 줄여달라고 요구하는 것만큼이나 헛된 일이 아닐까? '살을 빼라!'라는 명령은 전자와 후자의 경우에 모두 응답을 받을 것이다. 더욱이 사람들은 이제 더 이상 희화적인 지식인들이나 억지로 '연루된' 전문가들에게서 신자유주의를 파면 불가능한 것으로서 '정당화'하기 위한 만유인력의 법칙 같은 준거들을 기대하지 않는다.

체제의 필연적 특성을 그 비인격성만큼 잘 입증하는 것은 없는 것 같다. 공통된 표상에서 자유로운 사물의 지위를 스스로 요구할 수 있는 것은 인격들이다. 그리고 명확하게 지정할 수 있는 인격들을 더 이상 발견하지 못하는 곳에는 준#자연으로서의—필연적인—'체제'만이 남는다. 영화 〈루이즈미셸〉[103]은 산업을 탈지역화하려는 사장-무뢰한을 죽이기로 결심한 노동자들의 역경을 보여준다. 그들에게 고용된 볼품없는 킬러는 자본가 권력의 미로 안에서 길을 잃을 뿐 절대 그 머리에까지 올라가는 데 성공하지 못한다. 사장은 본사로 미루고, 본사는 주주들에게로 미루고, 저지[104]에 있는 주주들의 사서함들은 미국 연금 펀드로 미루고…… 결국 영화는 막다른 골목에 이르러서야 끝을 맺는다. 하지만 그렇게 끝없이 계속 진행될 수도 있었을 것이며, 실제로도 모든 것이 그러하다. 만약 대서양을 건너 미국으로 가서 연금 펀드의 관리인을 만났다면 어땠을까? 그 역시, 자기 자신에 대한 권력을 포함해서 진짜 권력을 가진 자들은 그들의 미래 퇴직 연금을 위해 가능한 한 최고의 수익을 올리길 요구하는 펀드의 위탁자들이라고 주장하며 궁극적 책임을 벗으려 할 것이다. 체제가 체제인 것은 머리가 없고 중심이 없기 때문이다. 체제의 어느 부

---

103   귀스타브 케르베른Gustave Kervern과 브누아 들레핀Benoît Delépine 감독, 〈루이즈미셸Louise-Michel〉(2008), DVD MK2 Vidéo, 2009.

104   저지는 프랑스 노르망디 해안에 인접한 영국령의 작은 섬으로, 역외 금융 센터로 큰 수익을 올리는 것으로 유명하다.(옮긴이)

분에서도 자유로운 —그래서 그 목숨을 앗아야 할— 원인을 찾을 수 있는 곳은 전혀 없어 보인다. [물론 현실은 또 전혀 다른 문제다. 중심이 없는 체제의 구조들이 모두 사람의 손으로 만들어졌기 때문인데, 그것도 아주 소수의 손으로 아주 소수의 장소(중심)로부터 만들어졌기 때문이다. 무역의 자유화, 직접 투자의 자유화(탈지방화), 금융의 탈규제화는 모두, 국가적 차원에서 결정된 것이든 초국가적 심급(세계무역기구, 유럽위원회, 국제통화기금, 국제결제은행 등)에서 결정된 것이든, 공적인 정치의 결정들에서 나온 산물이다.] 그러나 신자유주의적 세계화의 길고도 추상적인 병인론(病因論)을 펼쳐야만 할 것이다. 하지만 체제로서 인증된 체제의 첫인상에 반대할 기회는 너무 적다. 겉으로 보이는 체제의 지배자들도 체제에 의해 지배당하는 듯 보이기 때문이다. 사장-무뢰한은 본사 사장에게 지배되고, 본사 사장은 연금 펀드 주주들에게 지배되며, 주주들은…… 명확히 규정될 수 없는 임금생활자-예금자 대중에 의해 지배된다. 이는 모든 봉기를 무장해제하기 위해 잘 만들어진 닫힌 고리다.

노동자의 분노가 자유로운 원인을 향했듯이, 마르크스의 문장에 새겨진 인물인 사장-소유주에 반대하는 방향으로 인도될 수도 있었다. 그런 사장-소유주의 모습을 흐릴 만큼 자본주의가 복잡해진 곳에서는 사회주의가 그에게 정확히 정반대의 오류를 범했을 수 있다. 그건 사회주의가 구축론, 즉 인공론 말고 다른 것을 위해 출현한다는 것은 불가능했기 때문이다. 그런데 구축이 있었다면, 우리가 구축자를 지시할 수 있어야만 한다. 그리고 실제로 사회주의 체제에서는 구축자를 가리킬 수 있으니, 그것은 바로 당이다. 당은 한 '체제'의 자유로운 원인으로서 표상에 제시되지 않을 수 없으므로, 체제에는 더 이상 필연적인 것은 아무것도 없다. 당은 '다르게 할 수도 있었을 것이다'. 체제는 다르게 존재할 수도 있었을 것이다. 따라서 사람들이 체제가 현재와 같은 상태라는 사실 때문에 갖는 미움의 정서는 강화된다. 그리고 '자격 있는 담당자'를 향해 인도된다.

공포의 비대칭

『에티카』 3부 정리 49를 처음 보아서 별로 명료하게 이해하지는 못하더라도, 정치적 효력을 과대평가하기는 어려울 것이다. 원인들을 자유롭거나 필연적인 것으로서 표상하는 것이 하나의 질서를 수용하는 데서 초래하는 것을 과대평가하기도 어려울 것이다. 사회적 변화에 대한 모든 전망을 끊임없이 반박하기 위해 공포가 내세우는 기여들의 표상 또한 마찬가지다. 이런 형태의 공포는—공포란 정치에 현존하는 하나의 정서이므로—특징적인 비대칭들을 통해 본모습이 드러난다. 사실로 입증되었고 (그렇게) 알려진 참사와, 다른 일을 시도할 수 있는 가능성 사이에서는, 불확실한 구축에 의해 '익숙한' 재난이 만연할 가능성이 정말 높다. 2015년은 그리스 정부에 제시된 유로존 탈퇴 가능성을 통해 이러한 사실이 가장 명징하게 증명되었던 한 해였다. 그리스 정부는 유로존에서 탈퇴함으로써 살인적인 양해각서들을 피할 수도 있었다. 하지만 실제로 그 양해각서들이 가져온 결과들은 경기후퇴 25%, 실업률 25%, 소득 수단 붕괴 20% 등등 자본주의의 연대기에 기록될 만한 수치들을 통해 완벽하게 문서로 정리되었다. 하지만 이 수치들은 여전히 추상적인 숫자일 뿐이다. 이 수치들에 깊이를 주기 위해 1930년대 대공황의 수치들과 비교한다 해도 그렇다. 대공황은 여러 가지 생각들을 연쇄적으로 떠올리게 하는 데 도움이 되긴 한다. '대공황'이라는 단어 자체만 떠올려도 잘 알려진 형상들, 사진들(예를 들면 도로시아 랭의 사진들), 영화들(《분노의 포도》)이 파도처럼 밀려오지 않는가? 하지만 진실은, 이런 연쇄가 이해관계의 당사자들에게는—그리스인들에게는—절대적일 정도로 지나치게 많다는 것이다. 그들은 이 추상적 수치들이 직접경험으로 변형되는 방식을 직접 체험한다. 재난은 살아내는 것이다.

그리고—바로 여기에 역설이 있으니—아무리 참혹하다 해도 재난이 확인된 것만으로 재난을 피하기 위한 집단적 움직임을 결정하기에는 여전히 충분하지 않다. 물론 의회주의의 제도적 단절의 모든 결과들을 논거로 댈 수도 있을 것이고, 시리자[105] 내부

---

105   그리스 내 급진좌파연합 정당으로 반자본주의, 사회주의, 세속주의를 표방한다.(옮긴이)

파벌들의 투쟁을 분석할 수도 있을 것이며, 치프라스[106]라는 인물의 불안이나 성향을 돌이켜 살펴볼 수도 있을 것이다. 심지어는 유로존 탈퇴의 효과들에 관한 논쟁의 불분명한 부분들을 추가할 수도 있겠다. 이 가운데 어떤 것도, 공포의 비대칭과 이미 잘 알려진 것을 향한 선호에서 비롯한 고유한 결과를 제거하지는 못할 것이다. 그건, 스피노자가 상기시키듯, 근심 없는 희망이 없기 때문이다. '한 사물에 관한 희망에 매달려 있으면서 그 사물의 귀결을 의심하는 사람은, 가정을 통해, 그 사물의 미래 존재를 배제하는 무언가를 표상한다. 그 결과, […] 희망에 매달려 있는 동안 그 사물의 귀결이 산출되지는 않을까 근심한다.'[107] 그러므로 이 사람이 행동을 감행하는 데 집착하지만, 하나의 귀결을 수동적으로 기다리는 데 집착하지 않을 때는 희망의 역설이 있을 수 있다. 이 역설이란, 희망에 필연적으로 동반되는 근심이 너무나 큰 나머지, 희망이 부여된 행동을 저지하게 될 수 있다는 것을 의미한다.

스스로를 유지하기 위해 공포를―억압의 공포, 외부(와 내부)의 적에 맞서 구축된 공포를―이용하는 모든 사악한 방법들 가

106   알렉시스 치프라스^Alexis Tsipras(1974~)는 그리스의 대표적 좌파 정치인으로, 경제 위기가 가중되던 2015년 기존 정부의 극심한 긴축재정에 저항하는 급진좌파연합 정당 시리자를 이끌며 41세의 나이로 그리스 역사상 최연소 총리에 취임해 주목받았다.(옮긴이)

107   『에티카』 3부 정서의 정의 13 해명.

운데서, 권력은 자신의 가장 충직한 방편으로 '알지 못하는 상황으로의 추락'에 대한 공포에 의지할 수 있다. 이는 권력이 국민에게 끔찍한 역경을 겪게 하거나 국민을 계속해서 실패하게 만들되, 더욱이 때로는 권력의 기준에 따라서 그렇게 하는 경우를 말한다. 이를테면, 사람들이 신자유주의의 설득력 있는 결산표나, 보다 특수하게는 유로존의 결산표에 대해 생각하는데, 심지어 불황, 실업, 만성적 재정 불안 등 정부의 추상작용들에 따라서 생각하는 것이다. 기성 질서의 커다란 힘은, 규칙 안에서 완성되는 재난이 협약에 따라 용인된다는 것, 그리고 현실에선 최악의 재난이 재난의 자격을 절대 얻지 못한다는 것이다. 사람들은 재난의 자격을 모든 대안적 경험과 그 경험이 마주치게 될 첫 역경에 유보해둔다.

여기서 다시 말하지만, 철학이 줄 수 있는 것보다 더 많은 것을 철학에 요구해서는 안 된다. 그러기보다는, 이 '규칙'과 이 '협약'을 산출하는 제도들을 가까이에서 연구하는 사회과학과 결합된 작업을 유발해야 한다. 여기서 '제도'라는 단어는 사회적 구축의 총체 같은 넓은 의미에서 이해되어야 한다. 이 경우에 사회적 구축은 하나의 헤게모니를 무장시키는 데 기여한다. 미디어는 물론이고 전문가들 역시 학술 분야만이 아니라 광고 분야에까지 자신의 상징 자본을 투입하고, 대립하는 말과 인가된 말을 걸러내는 공식 및 비공식 절차들을 작동한다. 집합적 상상의 사회적 구축물이 있고, 그것은 사회의 모든 세력들을, 특히 지배 세력들을 투입한다. 지배 세력은 정치에서 선과 악을 판단하는 공통된 방식을 강요하고자 애를 쓴다. 헤게모니란 작은 것을 판단하는 특수한 방식들을 대다수의 사람들에게 전달하는 데 성공한 것이기 때문이다.

결정적 임계의 정념적 구축

그러므로 헤게모니의 개념을 넘어서서, 구체적인 헤게모니 자체를 제작하는 것은 철학의 일이 아니다. 거기에 기여하는 세력들의 조합과 작동은 철학보다는 제도적 환경에 대한 사회과학의 자세한 분석으로 귀착된다. 헤게모니는 '사실이 스스로 말할 것이다'라는 관념과 대립한다. 사실이 스스로 무언가를 말한 적은 전혀 없다. 언제나 누군가가 사실이 말하게끔 만들어야 한다. 그러므로 헤게모니는 공공 정책에 대하여 성공과 실패, 용인과 불용의 기준들을 세우는 권력으로 인정된다. 그리하여 헤게모니는—그리스 국내총생산의 25% 하락과 같이 한 세기에 한 번 나올 것 같은—거대한 변동을 산출하는 경제정책들을 가리켜 '안정 정책'이라 부르는 데 성공하는 것이다. 그리스에서는 늘 그러하듯이, 50%가 넘는 청년 실업률마저 실제로 용인될 수 있는 것은 헤게모니 때문이다. 헤게모니는 현실적 재난에 책임이 있으면서도, 헤게모니의 규범에서 벗어나려는 정책이 첫 장애에 부딪치는 순간부터는 그 정책 전체가 '재난적'이라고 할 것이며, 몇 분기에 걸쳐 증빙 자료들을 만들어내게 할 것이다. 그리고 바로 그렇게 함으로써 헤게모니 자체는 실패 속에서도 수십 년 동안 끈질기게 지속된다. 헤게모니의 권력은 그러하다. 그것은 상상의 다수를 순응시키고 자신의 판단 방식을 다수에게 새겨 넣는 권력이다. 특히 다수에게 어떤 공포의 노선을 확정지어놓는다.

물론 헤게모니는 탄성이 있지만 무한대로 늘어날 수는 없으며, 현실의 객관적인 긴장들을 견디고 탄성을 '회복'하는 능력에는 한계가 있다. 아주 엄격하게 말한다면, 물질과 관념의 이분법, 하부구조와 상부구조의 이분법으로 되돌아오는 이런 공식에 대해서는 비판할 것이 많이 있다. 일반적으로 상상적인 것의 변용들과 특수하게 헤게모니적인 상상적인 것의 변용들은 임금의 수준이나 고용의 부재와 완전히 똑같은 만큼의 현실의 부분을 이룬다. 현실이란 인간의 시점에선, 그 변용들의 총체일 뿐 그 본성이 어떠한지는 상관없는 것이다. 어쨌든 그리스가 겪었던 것 같은 경제 및 사회의 붕괴 상황에서도 헤게모니는 그 '회복' 능력의 한계에 이르지 않았다. 하지만 어딘가에 그 한계가 있다는 것은 사실이다. 그리고 그 한계란 바로 스피노자가 격분의 원동력이라고 하는 양도 불가능한 판단 능력, 즉 위협과 공포의 정서들을 무화하고 모든 것을 뒤집어놓는 정서가 표출되기 시작하는 임계다.

한데 이 임계는 정확히 어디에 있는가? 어느 누구도, 어느 무

168

엇도 사전에 미리 그것을 알지는 못한다. 그리고 그런 만큼 그 임계에는 외부에서 주어지는 것이라곤 아무것도 없다. 물리학의 상수에 해당하는 것이 역사적 사회에는 존재하지 않는다. 그리고 위태로운 실업률이나 불균등한 폭발을 찾으려 애쓰는 것은 헛된 일일 것이다. 1960년대 말에 퐁피두 대통령이 실업자 수가 50만을 넘어서면 프랑스 사회가 해체되리라 예측했던 것을 우리는 분명히 기억하고 있다. 오늘날 프랑스의 실업자 수는 300만에 이르렀지만, 프랑스 사회는 여전히 유지되고 있다. 그렇다고 실업자 수가 어떻게 되든 사회가 계속 유지되리라는 것은 아니다. 그럼 그 임계는 어디에 있을까? 이 문제는 대량 실업을 많든 적든 절충하는, 국가-지방, 가족적 연대 등등의 사회적 제도들의 기능에 대한 분석을 요구한다. 이런 (중요한) 고려 사항들은 차치하더라도, 사회는 집합적인 정념적 작업을 통해 규범을 바꾸고 다시만든다. 60년대 말에 실업자가 폭발적으로 늘어나 50만 명에 이르렀지만, 이 수치는 그 이후에 거의 완전고용 상태와 같다고 여겨지게 된 실업률 5%를 훨씬 밑도는 수준이었다. 적어도 바로 그러한 이유 때문에 헤게모니적 담론은 애써 그것을 제시하려고 하는 것이다. 그러므로 결정적인 임계들은 논쟁적인 구축과 정념적인 대립의 대상이다. 이 임계들이 집단적인 정서적 역동 안에있는 분기점들이기에 그 임계들을 대상으로 하는 대립들은 정말로 정념적이다. 임계는 실제 규범 전체, 혹은 한 규범의 유효성의 영역 전체로서, 더 이상 참을 수 없는 정서적 구축에 대한 최종 분석 안에 있기 때문이다. 이런 부류의 모든 공통된 정서들처럼 그것 역시 높은 수준의 제도적 매개를 겪긴 하지만 말이다. 그러므로 헤게모니적 담론은 그 특징적인 수단들을 통해 결정적 임계를 가능한 한 가장 멀리까지 내던지고, 현재 상황을 정규적인 상황으로 제시하고자 애를 쓴다. 반헤게모니적 담론은 이미 성립된, 참을 수 있는 것과 참을 수 없는 것의 구분을 반대로 바꾸려고 애쓰며, 참을 수 있는 것으로 여겨지던 것을 정서적으로 참을 수 없는 것으로 만들고자 애를 쓴다. 그러므로 잠재적 위기의 과정을 따라 결정적인 임계까지의 거리를 변화시키는 것은, 외부 원인의 변용에 더해진, 집단적 감수성의 개편이다. 그러므로 임계들은 근본적으로 내인적인 형성물이다. 발증전發症前 역동의 경로 안에서조차 임계들이 등장한다는 말이다.

불행을 선언할 것, 투쟁을 선언할 것

발증전 역동은 절대 단선적일 수 없음을 언급할 필요가 있다. 아주 큰 위기들은 거기서 작동되는 개인적인 (그리고 집합적인) 정서적 개편의 일반성과 확장성을 통해 식별된다. 거기에 관여한 사람들에게 이 위기들은 대상을 변형시키는 경험들을 그 효력에 덧씌운다. 그것의 강도는 능력 있는 정념적 장애물을 통해서만 소극적으로 파악된다. 그런 정념적 장애물은 이제까지는 우세했지만 새로운 상황이 닥치면 단숨에 뒤집어진다. 그런데 무엇에 대한 장애물인가? 세상의 비전, 그 비전이 세상 안에서 처한 고유한 상황, 그리고 그 장애물에 대한 판단을 개혁하지 못하도록 하는 장애물이다.

우리가 이 장애물을 간접적으로 직감할 수 있는 것은, 정기적으로 그저 '행복하냐'고 묻는 허무한 여론조사가 이룬 가장 큰 위업들 가운데 하나를 통해서다. 지난 40년 동안의 '위기' 상황에서도 '그렇다'라는 대답이 대체로 소비에트적인 응답률을 보인다는 것은 정말 놀라운 일이다.[108] 이와 같은 결과를 진지하게 받아들인다면, 그건 의심할 바 없이 완전히 비합리적이다. 어쩌면 예외적으로, 진정제 소비량이 기록을 갱신하는, 이토록 오랫동안 이토록 학대당한 사회에서 개인들 각자가 스스로 계속해서 행복하다고 답을 한다는 것이 어떻게 가능한지를 자문하는 기회를 볼 수도 있을 것이다. 그러면 사르트르가 정치적 행동의 와해 속에서 이미 관찰한 바 있는 결과에 상응하는 한 가지 결과가 기여하고 있다는 사실이 보일 것이다. 개인이 집합적 운동에 참여하거나 선거 행위에서 고립되는 것은 바로 각자의 정치적 행동에 따른 것이다. 이름도 잘 지은 기표소[109] 안에서의 고립은 구체적

---

108   2015년 6월 CSA 여론조사에서 80%, 2004년 TNS 프랑스여론조사협회 여론조사에서 94%.

109   프랑스어에서 기표소를 가리키는 isoloir는 축자적인 의미에서 다른 이들로부터 고립된 장소를 가리킨다. 본래는 성당에 설치된 고해소를 가리키는 말이었다.(옮긴이)

인 정치적 역동들로부터 개인을 근본적으로 단절시킨다. 사람들은 마찬가지로 거기에서도 볼 수 있을 것이다. 사실 사람들이 자기 보호의 정념적 기제의 효과가 나오기를 바란 곳이 바로 그곳이다. '행복하다'는 응답이 대량으로 나왔다는 점에서, 이 응답이 전체적으로 크게 왜곡된 것이라고 믿을 수밖에 없다. 아마도 이를 통해 간접적으로 입증되는 것은 자신이 불행의 상태에 있다고 선언하는 데 치러야 할 비용이 있다는 사실일 것이다. 자신이 불행하다고 고백하기 위해서는 실제로 먼 길을 거쳐야만 한다. 그건 어떻게 보면 불행을 몇 배로 늘리는 고백이다. 그리고 그런 고백에 대해 정신은 자발적으로 맞서 싸운다. '정신은, 할 수 있는 만큼, 육체의 활동 능력을 늘리거나 돕는 것을 표상하려고 노력한다.'(『에티카』 3부 정리 12) 부조화를 감소시키는 기제 또한 자기 보호를 위해 불행의 관념에 맞서 작동한다. 불행의 관념이 정착되어 있을 경우 허락되는 두 가지 가능성은 투쟁과 대결뿐이다. 코나투스의 반응 기제는 자발적으로 활동하여 슬픔에 대해 표상된 원인들을 물리치려 한다(『에티카』 3부 정리 37 증명). 그리고 나는 불행에서 벗어나기 위해 투쟁한다. 하지만 여전히 사용 가능한 능력의 수단들이 충분해야 할 필요가 있다. 만약 행동할 수 있는 능력을 감소시키는 슬픔이, 내가 물리쳐야 할 원인들과 같은 높이에서 응답을 제공할 수 없게끔 한다면, 그 결과로 슬픔은 추가적으로 증대되고, 행동 능력의 감소는 나선형으로 가중되기 시작한다. 우울증이 시작되고, 급격히 무너져 내려 결국엔 자살에 이를 수도 있다.

그러나 투쟁의 수단들이 바로 거기에 있을 수도 있다. 집합적인 투쟁이기에 그 수단들 또한 집합적이다. 정서의 모방(『에티카』 3부 정리 27)은 개별적 결의들을 강화한다. 한 번의 봉기, 한 번의 반란은 (다른 모든 정서들과 같이) 1인칭으로 겪는, 즉 처음엔 비정치적으로 경험하는 슬픔을 정치적 정서로 변환한다. 반란이나 봉기는 슬픔의 원인을 물리치기 위한 코나투스의 반응적 운동에 정치적 형식을 부여하는 것이다. 사람들은 불행이 공유될 때, 그리고 정치적으로 표상된 그 원인이 정치적으로 반응하려는 욕망들, 그러니까 공통된 욕망들을 결정지을 때, 자신이 불행하다고 더 쉽게 고백할 수 있다. 이제 정신은 육체를 움직일 능력의 증대를 함께 표상하고자 애를 쓴다. 그리고 가장 강렬한 인격적 개편은 이 표상이 정치적인 것으로 되는 데서 이루어진다. 정신이 슬픔으로부터 육체를 보호할 수 있었을 때 너무나 난폭한 현실에 애써 저항하며 사용했던 이전의 모든 표상 방식들, 부정이나 은폐의 모든 기교들을 근본적으로 철회함으로써 개편이 시작된다. 불행이 주시되고, 불행에 맞선 전쟁이 선포된다. 그런 전쟁이 선포될 수 있는 것은 그것이 집합적 전쟁, 즉 정치적 전쟁이 되었기 때문이다. 이 육체-정신이 홀로 싸우고 있던 동안 정신은 우연한 표상들을 통하여 육체를 지탱했지만, 이제 수많은 육체들의 모방적 결의로 무장한 정신은 그러한 표상들을 거부할 수 있다. 그러나 그렇게 되면 세계에 대한 심상 전체가 갑자기 산산조각 나 흩어진다. 그것이 바로 위대한 개편이다. 개편을 산출하려면 정치에 정치를 대립시켜야만 했다. 개인들이 고립되어 싸우는 동안 스스로를 묶어두었던 표상들이 헤게모니로부터 악의적이지만 상당히 정치적인 원조를 받게 된다는 것은 매우 확실하다. 헤게모니는 개인들에게 참을 수 없는 세상의 상태를 참으라는 모든 좋은 이유들을 제공하기 위해 있는 것 아니겠는가? 하지만 세상은 그들에게 아직은 참을 수 없는 것이 아니기에, 그들은 그 관념들의 제국 아래 놓여 있다. 비정규직, 그건 그렇게 나쁜 건 아니고, 삶은 애초에 위험한 모험이고, 다시 튀어오를 줄을 알아야 하며, 어쨌든 세계화라는 것은 이러저러하다. 이 모든 잡다한 장신구들은 결국 내인적 임계점이 구체적으로 확정되는 그 순간, 모두 단숨에 철회된다.

변환적 경험으로서의 반란

바로 여기에서 비非선형성이 드러난다. 이제 표상들의 주변적이거나 증량적인 개정은 더 이상 중요하지 않고, 참사가 중요하기 때문이다. 그건 수학적인 의미에서만큼이나 어원적인 의미에서도 그러하다.[110] 단지 표상적 과거 전체가 폐지되는 것만이 아니라, 이전에 나온 적 없던 새로운 표상들, 공동체를 형성하는 새로운 방식의 표상들이 알려진다는 것이다. 다시 말해, '슬픔의 원인들을 물리치기 위한' 집합적 노력에 욕망의 새로운 대상이라는 형태로서 돌파구를 열어주며 구체화하는 방식들의 표상들이 알려진다. 참사를 통해 등장하게 되는 이 욕망의 새로운 대상이란 가능한 삶의 또 다른 형태다. 결과적으로 지금 여기에서 개별적 방식들을—우선은 느끼고 판단하는 방식들, 그리고 앞서 말했듯이 참을 수 있는 것과 참을 수 없는 것을 감별하는 방식들, 분할의 선, 즉 가능한 것과 불가능한 것 사이의 선을 대체하는 방식들을—변환하는 결과를 초래하는 한 가지 집합적 방식의 표상이다. 공포가 하지 못하게 막았던 것들은 제거되고, 이제 육체-정신들은 생각하는 것 자체가 금지되었던 것들을 탐험할 수 있다.

투쟁 중에 있는 모든 집단은 이 참사적인 열광의 순간을 경험한다. 비록 일시적이긴 하더라도, 자신의 고유한 능력을 발견하면, 즉 이전에 가질 수 있으리라 생각하지 않았던 하나의 능력을 스스로에게서 발견하고 나면, 강렬한 기쁨의 순간들이 뒤따르기 마련이다. 더욱이 그런 능력은 이전엔 정말로 가질 수 없던 것이기도 하다. [유보된 것도 없고, 실현되지 않고 남겨진 것도 없

---

110 어원적인 의미에서 참사^{katastrophé}는 '전복', '뒤집어짐'을 의미한다. 수학적인 의미에서 (이 경우 우리말로는 '급변'이라고 번역한다—옮긴이) 비전문적 용어로서의 '참사'란 (수학자 르네 톰에게서 그 일반적 이론이 유래하는데) 연속적 변동에 따른 한 가지 역동의 속성들을 질적으로 변화시키는 단절을 가리킨다. 전문적 용어로서의 참사란, 르네 톰이 말하는 의미에서, 미분 가능한 변동들의 특이점의 특정한 유형을 가리킨다. 이는 비선형의 역동적 체계의 (비연속적) 위상 변화로 이루어진다.

다는 것이 내재성의 법칙이다. 하나의 육체는 자신이 하는 것에서 자신이 할 수 있는 것을 완전히 소진한다. '……을 할 수도 있었을 텐데'라고 말하는 것은 쓸모없는 일이다. 이런 말은 내재성에 관한 스피노자의 문법 안에서는 하나의 어법상 오류에 불과하다. 개인적이든 집합적이든 육체가 할 수 있었던 모든 것을, 육체는 행동을 통해 입증했다. 행동으로 실행되는 것 말고는 달리입증할 방법이 없기 때문이며, 스피노자는 근본적으로 능력으로만 머무는 것을 완전히 부정하기 때문이다. 바로 그 점에서, 그토록 혼란스럽고, 그럼에도 그토록 핵심적인, '나는 실재성과 완전성을 동일한 것으로 이해한다'라는 『에티카』 2부의 정의 6이 나온다. 물론 완전성이라는 것은 가능한 세상들 가운데 가장 훌륭한 세상이 완전하게 실재한다는 낙천적인 완전성이 아니라 사물들이 완전하게 결정되어 있다는 완전성이다. 여기서 능력의 정도와 효과의 범위가 달라질 수 있다는 것, 특히 증대될 수 있다는 것을 배제하는 것은 아무것도 없다. 다만 그것은 실현되지 않은 나머지 부분의 변동의 양태상에서가 아니라, 육체적 구조의 변이, 그리고 그와 상호 연관된, 그 역량들의 변이의 양태상에서의 증대다.] 지금 투쟁 중인 집단이 이전에 투쟁하지 않았을 때는 단순히 투쟁할 수 없었던 것이고, 이제는 투쟁할 수가 있는 것이다. 그것이 활용되지 않은 잠재성의 실현처럼 (잘못) 보이는 것은 중요하지 않다. 그런 관념은 모든 측면에서 보아도 잘못된 관념이다. 중요한 단 한 가지는 지금 여기에서 더 많이 할 수 있다는 것이다. 실제로 모두가 그것을 느끼고, 그것을 경험한다. 물론 이 새로운 역량은, 무능하게 하던 오래된 것들을 폐기하고, 공포나 굴종이 표상과 합체를 금지했던 것들이 표상되고 합체되는 모습을 보아야 한다. 스피노자가 말하길, '우리가 할 수 없다고 표상하는 모든 것을 우리는 필연적이라고 표상하며, 우리는 이 표상에 의하여 규정되어, 가질 수 없다고 표상하는 권력을 실제로 가질 수 없게 된다.'[111]

집합적으로 투쟁을 시작한다는 것은, 제도와 제도의 요구 사항들이 부과한 빈약해진 형태들 안에서만 능력들을 간직하고 있다가 모두를 강타하여 무능력하게 만들었던 이 저주를 깨부쉈다는 것이다. '해방'의 양태가 아니라면 이것을 달리 어떻게 경험할 수 있겠는가? 튀니스의 카스바 점령을 증언하는 두 명의 증인은 이렇게 말한다. '그건 정말 놀라웠다. 그건 우리 모두를 뒤흔들어 놓았다.' '이런 활기, 이 모든 사람들, 이 천막들, 이 노래들, 정말 놀라웠다.'[112] 이런 일화들은, 전적으로 주목받지 못한 채 남아 있는 것, 즉 제도적 정상화가 개인적인 권력들과 집합적인 권력들의 표현에 부과한 가공할 편협함을 의식하기 위해 꼭 필요하다. 사람들은 믿기지는 않지만 매우 기본적인 일들을 하기 시작한다.

---

111   『에티카』 3부 정서의 정의 28 해명.

112   슈크리 흐메드가 「민중은 정권의 몰락을 원한다」에서 인용한 대화.

그들에겐 금지되어 있었고, 상상조차 할 수 없던 기본적인 일을 시작하는 것이다. 이를테면 주주총회에서 발언한다든지, 그들을 피해 가던 주제들을, 그들의 집합적 경험에 관련된 주제들을 다시 자신의 것으로 삼는다든지, 상사에게 이견을 말한다든지, 혹은 상사에게 동료에게 하듯 대등하게 말한다든지, 그저 지나다니는 곳에 불과했던 공공장소를 점령해서 진짜 공유지로 만든다든지, 도시의 광장이나 사무실 건물의 층계참 같은 공동의 장소를 보통 사람들이 모여서 공동의 주제를 이야기하는 장소로 만든다든지, 보이지 않는 수많은 금지 사항과 과거의 수많은 검열로부터 작은 (때로는 커다란) 해방을 만들어내기 시작하는 것이다. 가장 상반된 기분들이 뒤섞인다. 처음엔 대담해진 기분이 든다. 대담하게 하지 못했던 모든 것, 이전에는 아마 할 수 있을 거라 생각하지도 못했던 것을 대담하게 감행하는 기분이 드는 것이다. 그리고 집합적인 것에서 재건된 능력이 표현된다. 무엇보다 과감함, 즉 '우리와 대등한 사람들이 무릅쓰길 두려워하는 위험한 행동을 실행하도록 우리를 부추기는 욕망'(『에티카』 3부 정서의 정의 40)에서 그 능력이 드러나는 것이다. 여기서 우리와 대등한 사람들이란, 말하자면 대담하게 단행하기 이전의 우리들이었을 사람들이다.

사람들은 어떻게 그렇게 오랫동안 그토록 기본적인 것들을 금지당할 수 있었는지를 스스로에게 묻는다. 그리고 그렇기 때문에 이 모든 쟁취가 그저 단순한 만회처럼 보이는 지점에선 과감함과 동시에 확실성이 있어야 한다. 여기서 만회라고 하는 것은 사실은 변환이다. 즉 새로운 가치와 규범 일체가 솟아오른 데 따른 방식들의 변환이다. [그런데 어디까지 변환되는 것일까? 이건 비판적인 인류학적 사실주의[113]가 반드시 제기할 수밖에 없는 질문이다. 인류학적 사실주의는 사람들을 '우리가 바라는 대로가 아니라, 있는 그대로의 모습으로'[114] 보기를 요구하며, 또한 사람들을 그들이 될 수 있는 모습으로 보기를 요구하되, 이 다르게 되기의 조건과 방향과 범위에 대한 질문을 제기하는 걸 잊지 않기를 요구한다. 다르게 되기는 '모두에게 공통된 하나의 인간 본성'[115]을 변형하는 것이 아니며, 스피노자가 정념적 굴종이라 부르는 일반적 조건을 근본적으로 넘어서는 것도 분명히 아니다. 그리고 '사람들이 정념인 정서에 사로잡히면, 서로에게 반대될 수 있다'(『에티카』 4부 정리 34)라고 하는 것을 근본적으로 넘어서는 것도 분명히 아니다. 다르게 되기는 부조화의 정념적 경향들과 함께 계속해서 타협해야 하는 것이다. 부조화의 정념적 경향들이란 물론,

---

113   이 주제에 대해서는 다음을 참조하라. 프레데리크 로르동, 『임페리움』, 8장 「수평성의 인류학Anthropologie de l'horizontalité」.

114   『정치 논고』 I, 1.

115   『정치 논고』 VII, 27. '인간 본성'이라는 이 어려운 문제에 관한 논의를 위해서는 『임페리움』, 8장을 참조하라. '인간 본성'에 부담을 지우는 본질주의적 함정들에 빠지지 않고도 '인간 본성'에 개념적 의미를 부여하는 것은 가능하다.

조화로운 정념들에 대한 상대적 비율에 따라, 제도적 환경에 의해서 변양될 수 있는 것들이다. 변양될 수는 있지만, 절대 완전히 제거될 수는 없다.]

불행의 원인들이 필연적인 것이기보다는 자유로운 것으로 표상될 때, 격분의 정서가 퍼져 나가 수많은 개인들이 참을 수 없는 지점을 넘어서게 할 때, 불행의 상태가 집합적으로 선언되어, 즉 정치적으로 변환되어, 공통된 것으로서 재정의된 슬픔의 원인들을 물리치려는 공통된 욕망들이 서로 모방하고 서로 결속할 때, 그리하여 다른 방식들의 욕망이 다시 열려서 공포가 극복되고 그 비대칭들이 정복될 때, 그리고 이 모든 것이 스스로 산출될 때, 대중 가운데 가장 힘이 덜 센 부분이 힘을 얻어, 아마도 가장 힘센 부분이 될 수 있다. 제도적 질서 전체를 지탱하는 전체 지지대들 중에 어떤 한 부분은, 대체로 열성^{劣性}인 국지적인 격분의 아궁이들에 불을 붙이는 것 이상의 일을 하며, 본격적으로 대중의 서로 다른 부분들의 능력 비율을 영원히 바꿔놓는다. 깨닫지 못한 채 이 임계를 넘어서는 권력엔 불행이 닥칠 것이다. '사람들이 공통된 희망이나 근심 때문에, 혹은 공통으로 치른 어떤 피해를 되갚으려는 성급함 때문에, 서로 단결하도록 자연스레 인도된다는 것은 확실하다. 그리고 도시의 권리는 대중의 능력에 의해 정의되므로, 도시 스스로 보다 많은 수의 국민에게 서로 단결할 이유들을 제공하는 바로 그만큼 도시의 능력과 권리는 감소된다.'(『정치 논고』 III, 9) 제도적 질서를 지탱했던 공통된 정서에는 이제 '가장 많은 이들을 격분하게 만드는 것'의 주변에서 형성된 또 하나의 정념적 동맹이 대립된다. 이제 조각난 대중의 두 부분, 대중의 잠재력의 두 반대 흐름이 분쟁에 돌입한다. 그리고 '주권자가 능력에 의해 국민보다 우월한 정도'가 불확실해진다. 그리하여 결국에 두 능력의 관계가 전복되는 지점에 이르면, 바로 그때 주권자는 제거된다.

공통된 정서의 양가성

『정치 논고』 III, 9의 언명에 대해, 특히 '공통된 반란적 정서 안에서의 동맹'이라는 표현에 대해 단호하게 주의를 기울여야 한다. 단지 반란적이기만 한가? 알렉상드르 마트롱[116]이 뛰어난 직관으로 보여주듯이, 『정치 논고』 III, 9는 실제로 그리고 충분히 역설적인 방식으로 『정치 논고』 VI, 1을 예비한다. '사람들은 이성보다 정서에 의해 인도되므로, 대중은 자연스레 서로 일치하게 되고, 마치 하나의 영혼에 의해 인도되듯이, 이성이 아니라 어떤 공통된 정서 아래로 인도되기를 원하게 된다.' 전자의 진술에서 후자의 진술에 이르기까지 결국 모두 같은 주제, 즉 공통된 정서를

---

116 알렉상드르 마트롱Alexandre Matheron, 「스피노자적 국가의 코나투스와 격분L'indignation et le conatus de l'État spinoziste」, 『스피노자와 고전시대 철학 연구Études sur Spinoza et les philosophies de l'âge classique』, 파리, ENS 에디시옹ENS Éditions, 2011.

다루고 있다. 하지만 그렇다면 역설은 어디에 있는가? 스피노자가 우선 그 파괴적 권력 안에서 공통된 정서를—『정치 논고』III, 9의 격분 속에서의 반란적 동맹을—검토하고 난 다음에, 하나의 도시라는 형태로 결집된 대중의 구성적 권력 안에서 그것을 검토한다(『정치 논고』VI, 1)는 사실에 역설이 있다. 이 역설은 절대 우연한 것이 아니다. 이 역설을 통해 우리는 스피노자의 정치 이론에서 공통된 정서의 가장 근본적인 속성들 가운데 하나인 양가성, 그리고 그에 따른 형태발생적인 권력에 접근할 수 있다. 공통된 정서는 대중의 육체에 일어나는 모든 것, 즉 구성, 제도화, 파괴의 일반적 원칙이다. 그러므로 이런 의미에서나 저런 의미에서나, 작동하는 것은 똑같은 힘이다. 그리고 국가는 국가를 제도화했던 기제와 동일한 일반적인 정념적 기제에 의해 멸망한다.『정치 논고』III, 9에서 VI, 1까지, 공통된 정서의 양가성은 총칭성을 보게 하며, 그럴 필요가 있다면, 어떤 반란적 서정주의의 배타적 동기를 만들어낼 의지를 꺾어놓는다. 공통된 정서는 사방으로 활동하며, 최선을 위해 활동하듯이 최악을 위해 활동한다.

공통된 정서가 최악을 위해서도 동원될 수 있음을 『정치 논고』4장의 첫 부분에서부터 스피노자 자신이 암시하고 있다. '[…] 하나의 영혼에 의해 인도되듯이, 이성이 아니라 공통된 근심, 공통된 희망 혹은 공통으로 겪은 어떤 피해를 되갚으려는 조바심 같은 어떤 공통된 정서의 인도 아래로 인도되기를 원하게 된다.' 그러면 국가는 무엇으로 군림할 수 있을까? 바로 공포와 미움이다. 또한 그 둘의 혼합물도 가능하다. 국가는 그 자체로 직접 그 국민들을 공포에 떨게 만들 수 있다. 전체주의 국가, 경찰 국가, 감시국가가 되는 것이다. 하지만 국가는 어떤 제3의 실체에 대한 공통된 공포를 통해 국민을 사로잡을 수도 있다. 이러한 가능성이 실제로 타오르는 현실을 누가 보지 못하겠는가? 최소한의 명징한 분석을 통해서도 볼 수밖에 없는 현실은, 테러리즘이 통치자들에 대한 축복이 된다는 것이다. [혹은 오히려 국가에 대한 축복이 된다. 잠정적으로 자리를 차지하고 있는 특정한 통치자들보다는, 실제로 '구조적 대리자'로 여겨지는 국가에 대한 축복이 되는 것이다. 예를 들어 무능함에 대한 비난이 일듯이, 시국이 통치자들에게 맞서 뒤집히는 일은 결국 정념적 수용에 따라 언제든 무작위로 일어날 수 있기 때문이다. 그렇긴 하지만, 위급한 시국이 통치자들에게 큰 성공을 가져다주지는 않을지 몰라도, 통치자들의 자리를 차지하기를 열망하는, 그들의 자리에서 국가의 자리를 점령하기를 열망하며 권력을 요구하는 이들에게는 성공을 가져다줄 것이다. 이런저런 파벌에 의해 가동되어, 외부 공격으로부터 이득을 얻는 것은 국가-구조다. 국가의 관점에서 볼 때 외부 공격은 오직 좋은 속성들만을 가지고 있다.] 그건 테러에 대한 공통된 정서가 그보다 서열이 낮은, 사회적 세계의 평범한 분쟁에 쏟은 다른 모든 정서들을 깨부수며, 국가 주위에서 한 블록을 이루는 집합적 육체를 결속하기 때문이다. 도시의 정념적 풍경 전체는 '공통된 근심과 공통으로 겪은 어떤 피해를 되갚으려는 조바심'의 독특한 정서에 의해 단숨에 뒤덮여 평평해진다. 평소에 국가가 그 안에서 싸우고 있는 사회적 투쟁들은, 독특한 투쟁으로 선언되는, 테러리즘에 맞선 주요한 투쟁에 더 유리하게끔, 순식간에 부차적인 것이 되고 만다. 그리고 마찬가지로, 권력에 대한 이의 제기라는 영구적인 배경음은 줄어들다 결국엔 소거된다. 누가 '우리를 보호하는' 국가를 비난할 수 있겠는가? 경찰력의 환호, 통치자들의 (또는 권력 요구자들의) 하늘을 찌르는 인기, 대규모 행렬은 이 공통된 정서의 능력을 보여주는, 극도로 구체적이고 수다스러운 시현들이 아니겠는가? 그리고 그 공통된 정서를 되찾고 유지하고 지탱하려는 국가 권력의 열의는 거기에서 보이는 정념적 수단의 예외적으로 뛰어난 성질을 똑같이 입증하지 않겠는가? 마치 국가는 혼란스러운 인식으로부터 다음과 같은 사실들을 다 알고 있다는 듯이 말이다. 실제로 국가는 그렇게밖에는 유지될 수 없으며, 국가의 권력은 늘 빌려 온 것이라는 것, 그리고 유사한 사건들이 터져서 상황이 잘 돌아가기만 한다면 자신의 고갈될 수 있는 신용이 모든 기대를 넘어서 재충전된다는 것 말이다. 그리고 국가의 정념적 기회주의는 거기서 실수하지 않는다. 금융 관련 대형 조사들이 '돈을 따르라'는 원칙을 준수하듯이, 정치 관련 대형 조사들은 '정서를 따르라'를 금언으로 삼아야 할 것이다. [그러나 테러리즘의 정치적 역동들에 의해 정념적 분석에 열려 있는 그 분야를 누가 못 보겠는가? 어느 정도로 정서들의 모방이 피해자들과의 친연성에 의해 조절되며, 그 결과로 생겨난 연민의 강도는 어느 정도일까? ('하나이며 동일한 사람이 하나이며 동일한 대상에 의하여 다른 순간에 다른 방식으로 변용될 수' 있으니) 우발적인 공격의 반복은 어떤 변양들을 초래할까? 공격이 우선인지, 아니면 사람들이 만성적인 '테러의' 지배 안으로 들어가는지에 따라 집합적 정서의 형성은 어떻게 결정될까? 어떻게 하면 그 공격들이 사회적 육체의 내적 분열들을 정념적으로 재구성할까? 어떠한 분파들이 몸을 던져 서로에게 맞설까? 그 분파들은 '민족적 단결'을 산출하기 위하여 제도적인 정치적 분열의 평범한 게임을 넘어설까? 아니면 만성화되는 경우를 대비하여, 평범한 대립을 예리하게 하려고 이 게임에 다시 합류할까? 정치적 육체는 어느 정도의 능력을 증명해 보일까? (통치자들을 그리로 밀어내든, 통치자들이 그쪽으로 끌어당기든) 복수하려는 폭력의 눈먼 반응들 쪽으로 가게 될까? 아니면 지구력 있는 합리성이 가능하다는 것을, 다시 말해 역경 중에서도 행동하기 전에 이해하려는 노력을 유지할 수 있다는 것을 밝혀 보일까?]

어쨌든 국민을 공포 속에 살도록 하는 데서 얻는 권력의 이익은 잠재적으로 막대하다. 권력은 자신이 자리 잡은 정상에서 전체의 응집성을 유지하되 자신의 보호 아래 유지하는 데만 강박적으로 집착한다. 이러한 권력의 강박은 다른 응집체를 구성하지 못하게 하는 것이 아니라 다른 응집체를 무너뜨리기 위해 형성된 것이다. 사람들은 이런 강박을 공유하는 데서, 그리고 특별히 그 영험한 공포-미움의 정서가 무엇에 의해서도 증발되지 못하게 하려는 욕망이 불타오르는 데서 권력의 친구들을 알아본다. 그것은 무엇보다도 옛 정서들 가운데 어떠한 것도 회귀하지 못하게 하려는, 혹은 가능한 한 늦게 돌아오게 하려는 욕망이다. 그리고 무엇보다도 가능한 한 오래 머물되 추모 안에서가 아니라 침용^{沈溶} 속에서 오래 머물려는 욕망이다. 슬픈 정념들의 침용. 사람들은 아마도 다음 문장을 보고 들뢰즈를 읽는 것 같다고 생각할 것이다. '폭군이 성공하려면 영혼들의 슬픔이 필요하다.'[117] 정말 놀랍다. 정신이 테러리스트에 의해 완전하게 점령당해 있는 한, 사람들은 사회적 투쟁에 대해, 계급과 자본주의에 대한 투쟁에 대해 이야기하지 않으며, 국가에 대한 이의 제기에 대해서조차 말하지 않는다. 오히려 그 반대다. 모든 것이 국가로 되돌아가자고, 국가의 질서에 내맡기자고 하는 초대일 뿐이다. 슬픈 정념들이 생명력을 감소시키는가? 하지만 그렇다 해도 마찬가지다. 국가는 생명력의 증대를 겨냥하지 않는다. 생명력은 너무나 위험하다. 언제든 국가가 유도하는 경로를 벗어날 수 있고 국가에 반하는 방

117　질 들뢰즈^{Gilles Deleuze}, 『스피노자. 실천적 철학^{Spinoza. Philosophie pratique}』, 파리, 미뉘^{Minuit}, 1981, p. 38.

향으로 되돌아갈 수 있기 때문이다. 국가는 오직 군림하는 것만을, 국민이 '그것이 마치 그들의 구원을 위한 것인 양 그들의 예속을 위해 싸우는'[118] 것만을 염두에 두고 있다.

이러한 권력의 성공 비결이 고대 히브리 국가만큼이나 오래된 것이라고 스피노자는 『신학-정치 논고』에서 말하고 있다. 히브리 국가의 강철 같은 응집력은 독실한 열의 그리고 신학적 증오에 의해 뒷받침된다. 전자는 내부에 대한 것이고 후자는 외부에 대한 것인데, 사실 이 둘은 같은 메달의 앞면과 뒷면인 셈이다.[119] 몇천 년이 지난 오늘날에도, 권력의 이 정념적 원동력들은 여전히 언제든 사용 가능하다. 정부의 삼색기 장식과 외국인(무슬림) 혐오는 마르지 않는 듯 보이는 한 가지 원천이 실행된 최근의 사례들이다. 누가 그것들을 불러일으키고, 또 반대로 누가 그것들에 맞서 싸우는가? 이 질문에 대한 응답에서 국가가 무슨 기획을 위해 어떤 사람을 등록할 수 있었는지를 알게 된다. 새로운 등록 회원이 되는 것은, '공통으로 겪은 어떤 피해를 되갚으려는' 대중의 욕망, 혹은 공통된 근심의 대상으로부터 보호를 받으려는 욕망의 자연스러운 피위임자가 되는 것이다. 더욱이 그 대상이 오직 표상 속에서만 존재하거나, 자신의 현실적 일관성과의 조화

---

118   스피노자, 『신학-정치 논고Traité théologico-politique』, 자클린 라그레Jacqueline Lagrée와 피에르프랑수아 모로Pierre-François Moreau 역, 『전집 III』, 파리, PUF, '에피메테우스' 시리즈, 1999, 서문, 7.

119   같은 책, XVII, 23.

에서 벗어나 유지되는 위험이 있더라도 상관없다. 공포와 미움은 정치적인 공통의 정서 속에도 있다.

격분에 대한 환멸

공포와 미움은 국가에 맞선 분노 속에도 있다. 공통된 정서에는 언제나 양가성이 있는 법이다. 거룩한 분노나 의로운 분노만 있는 것은 아니다. '미움을 통해 우리를 자극하여 우리가 미워하는 이에게 악을 행하도록 하는 욕망'[120]이라고 매우 일반적으로 정의되는 분노가 있다. 정서에 대한 기하학적 철학은 서정적인 변모를 위한 공간을 거의 남겨놓지 않고, 그 임상적인 냉정함으로 우리를 이끌어 간다. 그리하여 분노는 미움의 정서이며, 격분과 같은 슬픔의 정념임을 우리에게 상기시킨다. 오직 이성에 의해 실행되는 반란적 운동들이 실패할 수밖에 없는 것은 바로 그 이성 때문이다. 물론 분노의 추진력이 없는 그런 운동이란 전혀 존재하지 않는다. 그 추진력이 온통 슬픈 것이라 해도, 그건 슬픔의 원인들을 물리치길 바라는 코나투스의 반응적 반사를 불러일으킨다. 처음에는 하나의 추진력이 존재한다. 그리고 사람들이 평온함을 더 좋아하는 상태에서 벗어나 분노하기 시작하면, 그건 그들에게 지긋지긋한, 문자 그대로 미움(증오)의 대상인 제도적 질

---

120   『에티카』 3부 정서의 정의 36.

서를 치워버리려는 것이다. 그럼에도 질서의 전복은 질서의 대체를 전적으로 계류 중인 문제로 남겨놓는다. 무엇으로 이전 질서를 대체할 것인가? 이 질문은 어떤 특정한 정치적 욕망, 이러저러한 방식으로 공통된 삶을 다시 정돈하려는 욕망에 쏟은 희망의 정서에 의해서만 해답을 찾을 수 있다. 하지만 그 자체로 마법 같은 것은 없다. 희망은—근심 없는 희망이란 없기에 경감된다 하더라도—기쁜 정념이긴 하지만, 그럼에도 정치적 행복을 보장하진 못한다. 예를 들어, 사람들은 순간의 분노에 대한 해결책으로, 모든 문제들의 허구적 원인으로 지목된 이러저러한 부류의 주민들이 소거된 사회의 도래를 기쁘게 희망할 수 있다.

능동적인 정서들과 적합한 인과성의 관점에서 이야기하는 스피노자에게 슬픈 정념이란 늘 나쁜 것이다(『에티카』 4부 정리 41). 그러므로 슬픈 정념 중에서 분노는 미움이며, '미움은 절대 좋은 것일 수 없다'(『에티카』 4부 정리 45). 어쩌면 스피노자는 우리의 정치적 분노 가운데 어떤 특정한 것은 구제할지도 모른다. 그가 그 특정한 분노를, 사람들에게 능력을 부여하고 사람들을 이성의 인도를 받는 삶의 모델(본보기)[121]로 좀 더 접근시키기에 적합한 새로운 형태의 삶을 향한 희망이 보조적으로 동반된 것으로 본다면 말이다. 이런 측면에서 선명하게 판정해보자면, 사실 그 분노

---

121   『에티카』 4부 서론.

들이 좋다고 혹은 나쁘다고 선언하는 것은 바로 우리 자신이다. 그리고 이것은 우리의 다른 모든 판단들이 그러하듯이 '우리의 정서를 따른다'. 어쨌든, 미움인 분노가 그 자체로 좋지 않은 것이라면, 우리는 직관적 인식을 통해 그것을 알고 있다. 인종차별이나 집단폭행의 욕망으로 군중을 결속시킬 수 있는 공통된 정서를 상기하기만 해도 알 수가 있는 것이다. 스피노자는 이와 관련된 무언가를 직접 경험을 통해 알고 있었다. 그가 살고 있던 1672년의 헤이그에서는 더빗 형제 학살이 일어났다. 네덜란드의 총리였던 얀 더빗이 프랑스에 나라를 넘기려 했다는 비난을 받고 처참하게 살해당했다. 당시 사람들에게 트라우마로 남게 된 이 일화는 또한 어떤 상태에서—스피노자가 말하는 '궁극적 야만' 상태—군중이 분노하게 되는지를 보여준다. 『정치 논고』에는 이 일화에 대한 스피노자의 성찰이 폭넓게 스며들어 있다.

그러나 스피노자는 우리가 끝까지 스피노자적일 수 있을 거라고, 다시 말해 모든 분노에서 정서적으로 분리될 수 있을 거라고 확신하지 못한다. 우선 스피노자 자신이 그렇지 않다. 우리의 분노는 우리에겐 좋아 보인다. 그 분노가 우리의 것이기 때문이다. 우리가 할 수 있는 최선은 아마도 그것을 수용하는 것이다. 다시 말해, 우리가 정념적 예속에 빠지기 쉬운 상태로 머물 것임을 받아들이고, 오성이 우리 안에 있는 한 오성을 증가시키도록 애를 쓰는 것이다. 국가-자본주의 블록의 영향력을 향한 분노가 형성되는 사람들도 기쁨이나 환희 속에서 계속 살아갈 것이다. 이건 그들이 유일하게 시작한 운동이 그들에게 이미 제공하고 있는 이득, 그들 자신의 존재를 다시 자기 것으로 삼는 능력의 이득이다. 그러므로 그들은 거기에 전념할 것이고, 그렇다면 아마도 파스칼의 '이면의 사유'에 상응하는 스피노자의 사유가 그들에게 도래할 것이다. 하여간 우리가 스스로를 내맡기지 못했던, 그러나 성찰을 통해 더 분명히 알게 될 정념적 운동을—그 이후에 멀리에서—오성에 의해 가볍게 재개하는 그 순간에 말이다.

제우스가 유기하고 싶어 하는 사람들

대중이 격분하여 봉기할 때는 어떻게 해서 주권자가 이처럼 나쁜 경우에 놓이게 되는지를 자문하는 일이 남는다. 역사를 다시 움직이게 할 세력들이 바로 그렇게 함으로써 싸울 준비를 하기 때문이다. 이 물음에 대한 답은 코나투스의 차별적인 인류학 안에 새겨져 있다. 더 정확하게는 사회-인류학인데, 이는 사회구조 안에서 개인들에 의해 점령된 위치와 관련하여 그들의 능력의 비약으로부터 어떤 다양한 표현들이 나오게 되는지를 말해준다. 그런데 권력의 제도적 위치들은 정확히 (타인들에게는) 가장 구속적인 위치들이며, (그 점령자들에게는) 가장 덜 구속적인 위치들이다.[122] 그러니까 구속이 가장 느슨한 위치들인 것이다. 달리 말할 수도 있겠는데, 특별한 규제적인 성향을 제외하곤, 제도적 규범화를 실행하는 중심축은 제도의 극단적 가장자리에 있으며, 따라서 자신이 실행하는 제도적 규범화를 크게 벗어난다. 이와 대칭적으로, 사회적 위계의 또 다른 끝에서는, 상식적 예절이 사회적 위치의 효과인 자기 억압을 통합된 구속과 무의식적으로 하향 유지되는 야망들의 기제 쪽보다는 '민중'의 핵심적인 도덕적 성질 쪽으로 되돌려 보낸다. 이는, 가장 공격적으로 일방적인 행동들을 객관적으로 억제하는 결과를 얻기 위한 것이며 또한 실제로 그러한 결과를 가져온다. 가장 맹렬하게 단정적이고 내전적^{内轉的}이기도 한 행동들은, 근본적으로 자기중심적인 권력의 비약이 1인칭으로 추구되는 한, 코나투스의 경향들 속으로 들어온다. '어떠한 것도 다른 것 때문에 자신의 존재를 보존하고자 애쓰지는 않는다.'(『에티카』 4부 정리 25) 그건 그 자체로 '미움도, 분노도, 술책도 배제하지 못하고, 충동이 권하는 것은 아무것도 절대적으로 배제하지 못하는' 노력이다(『정치 논고』 II, 8).

그럼에도 모든 사회적 기제들이 피지배자들을 욕망의 절제로 인도하는 곳에서, 사회적 위치의 효과는 위계의 가장 높은 계층들에서는 엄밀하게 정반대로 전도된다. 사회구조 안에서의 상대적인 위치들이 개별적 욕망들의 표현 안에서의 상대적인 인가를 발급한다. 관리자들과 지배자들에게 훌륭하게 적용되는 이 경구

---

122 여기서 '구속적^{contraignant}'이라는 것은 타인들에게 행사되는 권력의 의미에서 이해되어야 한다.

가 핵심을 포착하고 있다. '그들은 자신들에게 모든 것이 허용된다고 믿는다.' 그러므로 지배 질서인 사회 질서에 대한 이유들 가운데 적어도 하나는 정지 상태로 있을 수 없다. 왜냐하면 자신에게 모든 것이 허용된다고 믿는 지배자들은 '부풀려 말하기' 때문이다. 제우스는 그들을 광인으로 만드는 것이다. 사회구조 안에서 구속이 더 적은 지점들, 즉 지배자들의 위치는 여전히 더 많은 것을 획득하기 위한 가장 큰 압력들이 발휘되는 곳이다.

이 무한한 할증의 경향은 자본주의 세계에서 특별히 장관을 이룬다. 우리는 세계화된 신자유주의의 형세를 자본의 압력을 억지하는 모든 제도적, 국가적, 국제적 장벽들의 쇠락이라고 정확하게 정의할 수 있을 것이다. 이런 조건들 속에서 우리는 자본이 자신의 고유한 욕망의 질서 안에서 더 많이 정복하기 위하여 끊임없이 전진하는 것에 놀라지 않을 수 없을 것이다. (계약들과 규정적 특징을 지닌 수단들을 통해)[123] 책략의 여지를 확장하고, 자신에게 이익이 되도록 부가가치 분배를 왜곡하고, 자기 사람들이 받는 보수를 끊임없이 늘린다. 그래서 사실상 구속의 장벽들이 무너졌으니 자본의 욕망은 더 이상 억눌리지 않는다. 그것이 다시 억눌리게 될 때는 그것을 멈추려고 결심한 같은 강도의 반대힘을 정면으로 마주치게 되는 경우뿐이다. 하지만 자본은 남용

---

123 예를 들어, 2016년 봄 프랑스에서 논의된 '노동'법은 그 수단들 중에 가장 순수한 사례 하나를 제시한다.

을 통해 이러한 힘의 형성을 스스로 유도한다. 자본은 자신에게 맞서는 것이 아무것도 없는 한 자기 편에서 이러한 남용을 저지르도록 결정되어 있다. 그러므로 자본은 '경계들을 넘도록', 특히 격분의 경계를 넘도록 예정되어 있다.

관용의 이동

다시 한번 말하자면, 이 경계 넘기의 일반적 조건들을 자세히 분석하는 일은 결국 정치적 사회학의 고유한 방법들로 귀착된다. 이는 한편으로는, 전체적인 사회적 규제의 제도적 기제들을 분석하는 것, 즉 의회의 침탈 정도, 그러니까, 사용 가능한 제도적인 정치적 해법들의 넓이(좁음), 미디어를 통해 무장한 헤게모니의 효과, 사회보장에 의한 시설들의 확장 등을 분석하는 것이다. 그리고 다른 한편으로는, 사회적 육체의 혼성 인게니움을 통한 자본주의적 남용의 미분화된 굴절들을 분석하는 것이다. 이 모든 우발적 요소들 외에, 중심부는 여전히 똑같이 남아 있다. '더 많은 수의 국민에게 서로 단결할 이유들을 제시하는' 것은 바로 그 남용이다. 그리고 자기 위치 때문에 남용을 저지를 경향성이 가장 큰 사람들을 제도들이 약하게 제지하는 한, 이 자본주의적 남용이 일어날 가능성은 더더욱 커진다. 지배자들의 탐욕, 만족을 모르는 욕망은 일종의 제도적 세계의 클리나멘[124]이자, 불안정성에 대한 그들의 규탄이다.

그럼에도 격분의 임계들을 넘는 것은 변치 않는 행위들에 대한 관용이 감소하는 것만큼이나 격분을 일으킬 만한 행위들이 증가한 데서 비롯될 수 있다. 그건 우리가 대중의 자기변용이라 이름 붙인 그 자신의 능력을 필연적으로 발휘하는 이 과정에 의해 사회가 스스로에 대한 작업을 멈추지 않기 때문이다.[125] 이 장기간의 작업을 통해 사회는 그 규범과 관습을 개편한다. 이를테면, 인간적 삶에 조화된 도덕적 가치의 세속적 변이를 누가 보지 못하겠는가? 이 작업에는 단선적인 것도 전혀 없고 단조로운 것도 전혀 없으며, 다만 가속과 퇴화를 경험할 수는 있다. 어쨌든, 규범이 변양되면, 임계도 이동한다. 무관심하게 남겨졌던 어떤 일이 도덕적 추문을 일으키게 된다. 한계에 이르렀던 또 다른 일은 보통으로 받아들여진다. 예를 들어, 오늘날 범람하는 광고나 일반화된 감시 카메라는 몇 십 년 전엔 사람들을 화나게 했을 테지만…… 오늘날에는 '정상적'인 것들에 들어간다. 이 점증하는 변양의 게임을 자신에게 유리하도록 진행하는 것은 헤게모니의 전

---

124   클리나멘이란 고대 서양 철학의 원자론에서 우주의 생성을 설명할 때 사용된 개념이다. 태초에 무수한 원자들만이 존재했고, 이 원자들은 무게를 지니고 있었으므로 계속해서 낙하했는데, 서로 평행하게 직선으로만 낙하하다가 어느 순간 어느 원자 하나에 '최대한으로 작은 기울어짐' 곧 클리나멘이 발생하여 이 원자가 다른 원자와 충돌하고, 그로부터 원자들의 충돌이 확산되면서 이 우주가 생성되었다는 것이다. 마르크스를 비롯하여 알튀세르와 들뢰즈에 이르는 현대 철학자들도 새로운 세계를 형성하는 단초로서 클리나멘 개념을 사용했다.(옮긴이)

125   『임페리움』, 특히 2장 「초과와 상승으로서의 사회문제Le social comme excédence et comme élévation」와 4장 「일반 국가 — 임페리움L'État général—imperium」을 참조하라.

략들에 속한다. 이런 변양에 대해 사람들은 오직 충분히 오랜 기간에 걸쳐 통합된 결과를 만들어내는 데서 정말로 그 진가를 평가한다. 뒤를 돌아보며 느끼는 강렬한 충격…… 그러나 악은 행해졌고, 단숨에 적용되어 사회적 육체 전체를 격분케 했을 일들을 우리는 받아들이게 되었다. 예를 들어 사람들은 기업주가 한 번에 최저임금의 300배가 넘는 돈을 수당으로 받는 것에 대해선 조용히 넘어가지 않는다. 하지만 30년에 걸쳐서 일어나는 일에 대해서는 그럴 수 있다.

규범의 개편이란 집합적인 (인게니움의) 정념적 이동의 질서인데, 이는 최선의 효과를 낼 수도 있고 최악의 효과를 낼 수도 있다. 이를 통해 정치적 육체가 할 수 있는 것이 반영된다. 그런데 모든 육체에 대해 그러하듯이, 정치적 육체의 능력의 정도는 두 가지 방향으로 변할 수 있다. 그것은 느리게 익숙해지는 방향으로 변할 수 있지만, (국가든 자본이든) 권력의 남용에 대해 참을 수 없는 것이 늘어나는 방향으로 변할 가능성이 배제되는 것은 아니다. 사람들이 아주 일반적인 담론에서 더 멀리까지 나가는 일은 거의 없을 것이다. 이 진화의 경로를 결정짓는 제도적이고 역사적인 우발성의 요소들이 그만큼 많기 때문이다. 방식들 안에서 일어나는 이 이동이 얼마만큼 서로 다른 일시적 상태들에 응하는지를 강조하기 위한 것이 아니라면 사람들이 더 멀리 나가는 일은 거의 없을 것이다. 사람들은 위기의 침전물로부터 비非선형의 번개 같은 시간성을 보았다. 우리는 이제 긴 기간에 걸쳐 이동하는 집합적 감수성들의 끈끈한 시간성을 보게 된다. 게다가 그건 감수성의 시간성들이다. 현실에선 이 시간성이 서로 겹쳐 층계 같은 리듬을 이루기 때문이다. 예를 들어 인간적 삶에 부여된 가치들에 맞추어 일어난 변양들이 새겨지는 불가역성의 지평선들은, 제동장치도 없이 기업주들이 더욱 부유해지는 데 대한 관용의 변이들과 똑같지 않다.

정치적 육체는 모든 육체처럼 긴장 아래 놓일 때 활동하기 시작한다. 스스로 이동하는 것이다. 이를테면 신자유주의가 부과한 고통을 겪으면서 정치적 육체는 길을 나선 것이다. 길들이라고 (복수로) 말할 필요가 있겠다. 신자유주의의 변용은 육체의 혼성적 인게니움을 통하여 굴절된 채로 육체의 다양한 부분들이 다양한 반응적 움직임들을 검토하도록 결정하기 때문이다. 어떤 반응들은 자기 정체성의 퇴행을 향하고, 또 다른 반응들은 사회적 투쟁들을 향한다. 그리고 육체가 전체적인 것이 되는 것은 이 부분적인 움직임들에서 비롯된 결과일 뿐이다. 이 이질적인, 때로는 서로 모순적인 이동들 가운데서 남용의 규범들과 격분의 임계들에 대한 재검토가 천천히 이루어진다. 지배자들은 단순히 정지된 정권 안에서 스스로를 유지할 수 있으리라 믿는다. 하지만 그들은 이제 똑같은 원인들이 더 이상 똑같은 결과를 산출하지 않을 것임을 숙고하기로 결심한 피지배자들의 무리에 붙잡힌다. 정치적 육체의 인게니움 가운데 충분히 커다란 한 부분이 새로운 주름을 만들었고, 그래서 이제 더 이상 동일한 변용이 동일한 정서를 산출하지 않는 것이다. 이는 『에티카』 3부 정리 51에서 읽어내야 할 것이 두 가지 있기 때문이다. '서로 다른 사람들이 하나이며 동일한 대상에 의하여 다른 방식으로 변용될 수 있고, 하나이며 동일한 사람이 하나이며 동일한 대상에 의하여 다른 순간에 다른 방식으로 변용될 수 있다.'(강조 표시는 내가 한 것) 사람들이 최저임금의 300배에서 400배로 옮겨 가지 못한다 하더라도,[126] 지금으로서도 300배는 너무나 많고, 그렇게 지속된 지가 이미 오래되었다.

구조들 안에 있는 정념과 코나투스: 역사의 동인

코나투스는 구조들 안에서 '밀고 나온다'. 그러한 까닭에 사회-역사적 세계는 어떠한 안정성도 누릴 수가 없다. 코나투스는 그 위치에 따라 '밀고 나온다'. 어떤 코나투스는 더 많이 갖기 위해서, 다른 코나투스는 지배로부터 벗어나기 위해서나 슬프게 만드는 조건으로부터 빠져나가기 위해서 밀고 나온다. 결국, 사람들이 역사라고 부르는 인간 세계 역동의 동인이 되는 원칙이 여기

---

126 2000년대 들어 프랑스에서는 주요 대기업 최고경영자들의 급여가 최저임금의 300배가 넘는다는 사실이 언론에 보도되면서 논란이 일었고, 최저임금의 300배라는 것이 임금 격차의 최대치를 나타내는 표현으로 굳어졌다.(옮긴이)

에 있다. 역사란 왜 있는 것일까? 그건 사람들이 욕망하기를 멈추지 않기 때문이다.

그런데 이 모든 운동들은 개인적인 정념과 집합적인 정념의 게임에 의해 그 제도적 매개들 안에서 산출되도록 결정되어 있으며, 그 정념들이 필연적으로 발산하는 관념-상관물에 둘러싸여 있다. 그러므로 역사와 구조적 결정론 사이에는, 그 결정론이 정념들의 구조주의라는 결정론이기만 하다면, 원칙적으로 어떠한 양립불가능성도 없다.[127] 권력과 욕망의 개별화된 중심축들에 의해 익숙해진 구조들을 고려한다면, 구조주의도 역사적인 것이 될 수 있다. 개별화된 중심축들의 노력은 구조들에 의해 형상을 부여받지만…… 그럼에도 때로는 구조들을 전복하는 (혹은 변형하는) 방향에 관여한다.

어떤 정념적 기제들이 역사 흐름의 분기점들을 지탱하는지 안다면―분노, 분개, 희망―, 마찬가지로 어떤 정념적 기제들이 거기에 장애물을 만드는지도 알게 된다. 상상, 감수성, 비대칭적인 공포, 반항의 위험에 대한 두려움 등을 만들어내기 위해 헤게모니는 꾸준히 작업하는 것이다. 그러므로 여러 번의 단절이 포함되어 있는 역사의 흐름이란 정념들에서 비롯된 위대한 결과물이다. 그 모든 운동들은 거기에서 서로 정서 대 정서로 작용한다.

---

127   『정서의 사회』, 특히 3장 「정념들의 구조주의를 위하여Pour un structuralisme des passions」를 참조하라.

인간적 삶의 어떤 다른 부문보다도 정치는 정념적 굴종의 조건을 더 적게 벗어나지는 않는다. 그럼에도, 정치에 관해서 사람들은 『에티카』 전체를 정당화하려는 질문을 제기할 수 있다. 굴종의 조건에서 벗어나는 것은 어느 정도나 가능할까? 스피노자는 필연적으로 불완전하게 벗어날 수밖에 없다고 말한다. 수동적인 것, 즉 정념들로부터 변용을 받는다는 것은, 우리가 아닌 어떤 다른 것에 의해 부분적으로 결정되어 우리가 지금 하는 것을 하게 되었다는 것이기 때문이다. [스피노자에게서 '수동적'이라는 말은 그 일반적 의미와는 반대로 '아무것도 하지 않는다'라는 의미를 전혀 갖고 있지 않다.] 그런데 우리는 외부적인 것들이 우리에게 미치는 효과와 그에 뒤따르는 정서적 파동을 완전히 피할 수는 없다(『에티카』 4부 정리 4).[128] 우리의 유한한 양태라는 조건이 그러하다. 우리의 삶은 절대 완전하게 이성의 인도 아래 있지 않을 것이다. 그것은 우리 자신이 언제나 우리 행동의 타당한 원인이 되기 위한 (도달할 수 없는) 조건일 뿐이다.[129] 그러므로 우리의

---

[128] '인간이 자연의 일부가 아니라는 것은 불가능하며, 또한 인간이 오로지 자기 본성에 의해서만 이해될 수 있고 자신이 타당한 원인이 되는 변화들만을 경험할 수 있다는 것은 불가능하다.'

[129] '어떤 원인의 결과가 그 원인에 의하여 명확하고 분명하게 지각될 수 있을 때, 나는 그 원인을 타당한 원인이라고 부른다.'(『에티카』 3부 정의 1) '우리가 타당한 원인이 되는 어떤 것이 우리의 내부에서나 외부에서 발생할 때, 즉 (정의 1에 의해) 우리의 본성에 의해서만 명확하고 분명하게 이해될 수 있는 어떤 것이 우리의 본성으로부터 우리의 내부에서나 외부에서 발생할 때, 나는 우리가 행동한다^{agir}고 말한다.'(『에티카』 3부 정의 2) 여기서 '행동하다^{agir}'는 엄격하게 스피노자적인 의미로 이해되어야 한다. 흔히 말하는 '하나의 행동을 실행한다'라는 보통 의미로 이해되어서는 안

삶은 절대 완전하게 그렇게 되지는 않겠지만, 그럼에도 조금 더 그렇게 되는 것은 가능하다. 이성이 우리의 정념에 더 많이 섞여 드는 것이 가능하며, 특히 우리의 정치적 정념들에 섞여드는 것이 가능하다. 스스로 정념들에서 벗어날 것을 요구할 수 있는 하나의 정치에 접근해야 한다고 주장하기 위해서가 아니라, 덜 나쁘게 통치되는, 오성에 의해 조금 더 낫게 인도되는 정념들 안에서 그런 정치를 성취하기 위해서다.

'논리적 봉기'의 변용가능성

1975년 자크 랑시에르를 포함한 일단의 지식인들이 랭보와 관련된 이름의 비평지 『레볼트 로지크Révoltes logiques』를 창간했다.[130] 랭보의 시 「민주주의」에 나오는 '논리적 봉기révoltes logiques'란 산출되지 않을 수 없는 봉기, 즉 필연적인 봉기다. 문자 그대로 돌이킬 수 없이 참을 수 없고 격분을 일으키는 상황이 되었기에 봉기가 일어날 수밖에 없다는 것이다. 상황이 사람들을 봉기의 상태에 놓이게 했는데, 이런 상태는 우리가 습관적으로 그것을 독해했던 것처럼, 일관된 맥락이 없는 영혼의 상태이지만, 구체적인 하나의 운동이기도 하다. 그럼에도 사람들은 '논리적 봉기'의 관념을 또

된다. 수동적 정서들, 즉 정념들에 대비되는 능동적 정서들의 결정 아래 하나의 행동을 실행한다는 것을 의미하기 때문이다.

130   아르튀르 랭보Arthur Rimbaud, 「민주주의Démocratie」, 『일뤼미나시옹Illuminations』, 파리, 갈리마르Gallimard, '시Poésie', 2010.

다른 의미에서 이해할 수 있을 것이다. 전체적인 결정론적 관점의 논리적 봉기가 아니라, 각자의 지성이 거기서 차지하고 있을 몫에 의한 봉기다. 논리적 봉기는 신의 무한한 오성의 관점이 아니라 인간의 유한한 오성의 관점에서 논리적이라고 할 수 있다. 개인들이 논리적 능력을 발휘함으로써 일으킬 수밖에 없게 되는 봉기이며, 심상보다는 관념에 의해 시작될 봉기이다. 말하자면 정신의, 정신에 의한 봉기다.

물론 불안정한 상황이 구성되도록 하기 위해서는 이러한 경구들을 사용한 것만으로 충분하다. '정신의 봉기', 이 말은 엄격히 말해 스피노자주의의 좌표 안에서는 아무것도 의미하지 않는다. 다만 육체의 변용들이 있을 뿐이고, 이 변용들이 이러저러한 운동을 하도록 육체를 결정하며, 동시에 이 변용들에 대한 관념을 형성하고 그 관념들을 하나의 특정한 습관에 따라 다른 관념들에 연결하도록 정신을 결정한다. 문자 그대로 이해하자면, '논리적 봉기'란 육체의 움직임을 정신의 우월한 주권자적 명령 아래 둔 것이라고 알기 쉽다. 그러나 스피노자의 철학에 그러한 의미는 전혀 없다. 스피노자의 철학에선 육체와 정신이 하나이며 동일한 것이기 때문이다. 정확히 말하자면 스피노자에게 육체와 정신은 육체-정신이라는 단일체로서, 연장(의 속성)의 관점에서 보면 육체로, 사유(의 속성)의 관점에서 보면 정신으로 고려되는 것이다. '육체가 정신이 사유하도록 결정할 수 없으며, 정신이 육체가 운동하거나 정지하도록 결정할 수 없다.'(『에티카』 3부 정리 2) 관념은 육체가 변용을 받는 바로 그 운동 안에서 정신에 의해 형성된다. 우리는 관념과 정서가 이율배반이라는 것이 얼마나 부질없는 말인지를 충분히 강조하지 않았던가? 그렇게 되면 '합리적'이라고 이해되는 관념들, 즉 이성의 관념들은 단지 육체의 심적 상관물에 지나지 않게 된다. 관념이란 육체-정신에 무언가가 닥쳐옴과 동시에 발생한 효과들 가운데 하나이며, 관념작용은 절대 정서에서 벗어나 있지 않다. 그러나 관념작용은 육체를 운동하게 할 권력은 전혀 가지고 있지 않다.

그러므로 언어의 남용에 대해 항변해야 하며, 우리가 시를 위해 엄격성을 희생했음을 고백해야 한다. 그러나 그건 무언가를 암시하기 위한 것이었다. '논리적 봉기'는 육체를 제외하고 정서를 제외한 채 순수한 이성에 의해서 인도된 봉기를 의미하지도 않고 의미할 수도 없다. 그것은 사물 자체의 광경을 덜 필요로 하며, 사물의 관념(사실 그것들의 표상)이면 충분하고, 결심하기 위해 사물을 눈 아래 둘 필요가 없는 봉기다. 논리적 봉기는 독해와 조사와 분석으로 만족하여 운동을 시작할 수 있다. 종이로 된 진실만으로도 충분한 것이다. 물론 정서에 대하여 읽은 기호 (혹은 이해한 현상) 역시 육체의 변용이지만 그것들이 이야기하는, 우리 육체에 부재하는 것들보다는 능력이 무한히 적은 변용들이다. 우리가 소비하는 재화를 제작하는 조건들에 대해 읽는 것과 이 조건들에 물리적으로 대면하는 것, 경찰의 폭력에 대해 읽는 것과 경찰의 폭력 행사를 물리적으로 목격하는 것은 절대로 같지 않다. 논리적 봉기에 의해, 우리는 기호가 사물과 균등한 효과를 내도록 만들기 위해 둘 사이의 간격을 메우는 것, 사물의 대리자로서 기호에 능력을 부여하는 변용가능성을 발전시키는 것을 의도할 수 있다.

그러므로 '지성적'이라고 할 수 있을 만한 변용가능성이 중요해진다. 이런 변용가능성은 사물 자체를 덜 필요로 하면서 사물의 단순한 '관념'에 의해 활성화될 수 있는 ― 실제로는 사물의 표상에 의해 활성화되며, 기호에 의해 유발되는, (그리고 늘 그러하듯이, 관념적인 상관물들에 의해 수반되고, 엄격한 의미에서, 정신 안에서 그리고 정신에 의해서 동시에 산출되는) ― 헤프지 않은 변용가능성이다. '논리적 봉기'의 원칙이 들어 있는 이 특수한 변용가능성은 결국 표상작용의 생동에 대한 변용가능성이다. 논리적 봉기를 할 성향이 있다는 것은 부재하는 사물의 생동하는 심상들을 자신 안으로 불러들일 수 있다는 것이며, 보았지만 빈곤한 다른 형상들, 기호들, 글로 쓰인 말의 심상들과 연결하여 그 심상들을 자신에게 다시 불러낼 수 있다는 것이다. 포뭄이라는 문자소(혹은 음소)를 사과의 심상과 연결한 로마인의 예를 다시 들어보자. '경찰의 폭력'을 읽고 (쓰인 것을 보고) 폭력이 일어난 그곳에 있었던 것처럼 느끼는 것, 그것이 바로 논리적 봉기의 특수한 변용가능성이다.

기괴한 관점과 보편적 관점 사이의 지적인 관점

우리는 이러한 성향에 보편적으로 공유된 것이 전혀 없다는 것을 완벽하게 알고 있다. 사물 자체에 의해 변용되는 것과 대등하게 사물의 관념에 의해서도 변용된다는 것은 지적 감수성 자체인 관념에 대한 감수성의 고유한 속성이다. 모든 감수성처럼, 지적 감수성—지적 인게니움—의 형성은 어떤 특정한 유형의 궤적에서, 어떤 특정한 교육에서 비롯된다. 이때 교육이란 가장 일반적인 의미에서의 교육, 즉 플로베르가 감정교육에 대해 말할 때의 그 교육이다. 물론 교육의 일반적 의미란, 교육 제도에 의해 성공적으로 이루어진 이행으로서 평범한 의미에서의 교육 또한 그 안에 포함된다. 부르디외가 교조적 환영illusion scolastique[131]이라 이름 붙인 전형적으로 투사적인projective 지식인들의 성향이란, 지식인들이 지적으로 매개된 세상에 대한 그들의 관계나, 관념에 대한 그들의 직접적인 관계를 무의식적으로 보편적인 것으로 여기는 성향을 말한다. 마치 모든 사회적 행위자들이 지식인들처럼 완전히 지적인 방식으로 '자연스럽게' 세상을 바라보기라도 하는 듯이 말이다. 자기들이 동요하거나 분노하는 것에 대해 다른 이들이 거의 무심할 수 있다는 사실에 놀라는 식이다……

늘 그러하듯이, 좋지 않았던 가정이란 함축적이고 자발적이고

---

[131] 피에르 부르디외, 『파스칼의 명상록Méditations pascaliennes』, 파리, 쇠유, '책Liber' 시리즈, 1997.

무의식적인 투사적 가정이다. 일반적이라 믿어지는 지적 세계관은 그 특수성에 의해 강타당한다. 지적인 오류 가운데 가장 흔한 오류는 지적인 감수성을 만장일치로 공유된 것이라 생각하는 것이다. 국민전선[FN]에 일격을 가하겠다고 생각한 어떤 문학 교수는 이 극우 정당 자체가 '비판 정신의 잔혹한 부정'이고, 그러므로 '프랑스가 세계에서 찬양받는 이유, 즉 합리적 사유와 역사적 탐구를 침해한다'라고 썼다.[132] 그것이 매우 사실이라는 것은 확실하지만, 그로부터 이미 변용될 수 있는 이들, 즉 지식인들을 제외하면 대체 누구를 변용할 수 있는지를 묻지 않을 수 없다. 프랑스의 영광인 합리적인 비판 정신을 보존한다는 구실로 극우에 맞서 전쟁을 벌인다는 것이 실제로는 스콜라스티[Scolastie]라는 겨우 우표 한 장 크기만 한 지적인 정념들의 나라의 최전선 너머 가장 불확실한 것들의 성공에 헌신하는 기획일까 염려된다. 국민전선이 '비판 정신 수호'라고 적힌 어깨띠를 두르고 집집마다 계단통을 점령했다는 생각만으로도 몸이 떨릴 정도다.

지식인들이 연설이나 탄원을 통해 꾸준히 표명하는 원칙으로 복귀하라는 요청들[133]은 똑같은 향사회성의 부담을 지고 똑같은 실패를 하도록 되어 있다. 여기에 희생되어서는 안 된다는 것이

---

132   세실 알뒤[Cécile Alduy], 「국민전선은 '비판 정신의 잔혹한 부정'이다[Le FN est "une négation brutale de l'esprit critique"], 『르몽드[Le Monde]』 2015. 12. 7.

133   이 문장들의 저자가 정식으로 추종했던……

아니라, 그 실제 효력에 환상을 품지 말아야 한다는 것이다. 물론 효과가 전혀 없는 것은 아니지만, 국내 언론의 좁은 독자 집단보다 더 멀리까지 효과가 미칠 일은 거의 없을 것이다. 아마도 편집자, 기자, 간단히 말해 홍보 영역에 종사하고 지식인들처럼 살아가면서 탄원자들과 똑같은 주지주의자들의 성향을 다소간 공유하고 있는 사람들의 아마도 유일한 하부 집단에서 더 멀리 나가는 일도 거의 없을 것이다. 그 너머에서는 아무런 효과도 없거나 있어도 거의 없다. 그것이 전적으로 헛되지는 않다고 다시 말해보자. 사정을 잘 알고서, 변용하는 메타-기제, 즉 미디어를 향한 개입의 전략들을 관리하는 것이기만 하다면 말이다. 정확히 그 이유는 그 기제가 사회구조 안에서 아르키메데스적인 지점이 되기 때문이다. 지레의 효과가 그러하듯이 작은 원인들이 커다란 효과들을 낳을 수 있다. 그럴 수 있다……. 그리고 그렇지 않을 수도 있다. 본래 '커다란 효과'는 수많은 변용가능성과의 만남을 가리키며, 지적인 변용가능성의 자발적 투사는, 예를 들어 그 어휘와 그 말하는 방식으로 단숨에 이 비개연적인 만남을 강타하기 때문이다.

　지적인 기획들이 기괴하다고 해서, 그 지적인 기획들이 내재적으로 지니고 있던 고결하고 바람직한 것이 잊혀서는 안 된다. 그 기획들이 대부분의 경우에 애처로울 만큼 실패한다고 해도 그렇다. 어떤 일이 있더라도, 문명적인 것으로 자격을 갖추는 데 반드시 필요한 하나의 이상, 곧 효과적으로 사물을 언어로 대체하는 토론의 이상이 그 기획들에 내포되어 있기 때문이다. 토론의 이상이란, 사물만큼이나 그에 상응하는 관념 또한 토론에서 내용을 전달한다는 것이다. 거기에서 논증들은 그 객관적인 내용에 맞추어 변용한다. 하지만 하버마스가 꿈꾼, 진리의 규범에 의해 완전하게 지배되는 소통의 이상은 아니다. 그것은 민주적인 논쟁을 일종의 세미나로 만들 테지만, 모든 것이 입증하듯이 그건 정신의 시각일 뿐이다. 그런 이상의 가장 덜 나쁜 근사치를 제시한다고 여겨지는 과학 영역조차 때때로 아주 멀리에서만 그 이상에 일치될 뿐이다. (물론 서로 다른 학과들 사이에는 불균등한 인식론적 조건에 따른 고유한 편차들이 존재한다.) '민주적 논쟁'은 어쨌든 정확히 가장 좋은 논증의 규범이 비약 없이 유지되는 토론이다. 평화로운 논쟁의 자리를 마련하기 위해 과학적 논쟁에서 차용한 형식들을 정치적 논쟁에까지 확장하기를 꿈꾸는 환상 때문에, 이제는 능력 있는 관념들의 이상으로 이해되는 토론의 이상 안에 추구해야 할 무언가가 있다는 사실마저 제거되지는 않는다. 능력 있는 관념들의 이상은 스스로 '합리적인' 토론 제도로 여겨지지 못할 것이고, 하버마스적인 희망적 사고는 언제나 그렇게 멀리에 머물러 있을 것이다. 그러나 그럼에도 관념적 추상작용들이 변용하는 권력을 얻고, 사람들이 보통 '지식인들'이라 부르는 소수를 넘어서서 효과를 발휘할 수 있게 된다는 것, 혹은 달리 말하자면, 특수한 사회적 집단으로가 아니라 특성적 성향으로서, 즉 관념적 추상작용들에 의해 변용될 수 있는 인게니움으로서 이해되는 지식인들이 점점 더 많아진다는 것이 중요하다.

'지적인 표상'을 발전시킬 것

어떤 대의는 그것을 필요로 한다. 우리가 보았듯이, 예를 들어 기후변화와 같은 대의는 그러하다. 하지만 수많은 다른 원인들도 마찬가지다. 그런데 관념에 능력을 부여하는 데는 두 가지 방법이 있다. 첫째는 관념에 정념적 보철을 덧대는 것이다. 이것은 변용의 기술로서 행동주의적 정치의 기술 전체다. 하지만 행동주의적 정치는 어떠한 에너지의 영구적인 주입을 필요로 하지 않겠는가? 둘째는 관념적 내용에 대한 일반적 감수성을 높여서 그 내용이 사물을 대체하기에 충분하도록 하는 것이다. '논리적 봉기'가 가능해지는 조건이 이러하므로, 논리적 봉기는 어떤 의미에선 지적인 봉기이며, 원칙에 따른 혹은 원칙에 의한 봉기다. 위급 상황이라는 명목으로 시민들의 모든 소통에 접근할 권한과 그들의 컴퓨터에 들어 있는 내용에까지 접근할 권한을 갖게 될 때 국가는 원칙의 봉기가 연약하다는 사실에 의지할 수 있음을, 사생활의 불가침성이라는 유일한 관념에 민감할지 모르는 사람들의 수가 너무도 적다는 사실에 의지할 수 있음을 알고 있는 것이다. 위급 상황의 조처들을 가지고 주민들의 격분을 일으킨다는 것은 사전에 상실된 대의다. 이런 대의는 사람들이 하나의 원칙을 어긴다는 데 분개하는—지식인들 같은—성향을 지닌, 매우 소수의 사람들만을 이끌 뿐이다.

매우 놀랍게도—정통한 지식인에게 매우 놀랍게도—영국 방송 프로그램 〈데일리 쇼〉의 활기찬 저널리스트 존 올리버는 길거리 여론조사를 통해, 정통한 지식인들의 세계에서 그 이름이 완벽하게 알려진 에드워드 스노든이 일반 대중에게는 대체로 알려져 있지 않다[134]는 사실을 확인한다. 그 여론조사에서는 일반화된 전자 감시의 관념을 일반 대중에게 제시하고 있지만, 일반 대중은 그저 아무렇지도 않게 평온하게 있거나, 아니면 테러리즘에 맞선 싸움의 필요성부터 희미하게 곰곰이 생각할 따름이다. 그러나 이 일반 대중은 처음엔 좀 꾸민 듯한 놀라움을 보이다가는, 국가가 그들의 컴퓨터에서 '그들의 거시기' 사진들을 볼 수 있음을 알게 된다면 어떨지를 묻자 갑자기 활기를 띠기 시작한다. 감시 프로그램에 대한 관용을 주장하던 논의는 즉각 와해되고, 국가의 위협이 깊이 파고든다는 관념으로부터 순식간에 치욕으로 분노가 일어난다. 이런 효과는 변용하는 기술의 행동주의적 전략으로 어렵게 얻어진 효과다. 사생활 침해에 대한 일반적 관념에 능력을 부여하기 위해서는 무언가 정념적인 버팀목이 추가되

---

134   혹은 위키리크스의 줄리언 어산지와 혼동된다(〈데일리 쇼〉, HBO, 2015. 4. 5. 방송).

어야 했던 것이다. '논리적 봉기', 지적인 봉기는 이런 버팀목이나 이런 보충물을 필요로 하지 않는다. (우롱당한) 한 가지 원칙에 대한 유일한 관념에 개인들이 치욕으로 분노하도록 만들기 위해 스크린에 '그들의 거시기' 사진을 떠오르게 할 필요도 없는 것이다.

'관념', '원칙' 등등 이 모든 용어들을 한 번 더 끌어와서 스피노자의 개념적 문법 안에서 그 참된 위상을 찾아줄 필요가 있다. 우리는 관념이 그 자체로는 무능하다는 것을 이미 충분히 강조하지 않았던가? 관념이 변용하는 권력을 마음대로 사용할 수 있다면, 그건 필연적으로 관념이 그 권력을 밖으로부터 받았다는 것이며, 특히 인게니움의 연관 짓는 자율기제에 의해 자발적으로 시동이 걸리는 심상들의 연결고리들을 받은 것이다. 왜냐하면 심상은 그것이 재현하는 사물과 마찬가지로 우리를 변용하기 때문이다. 관념은 육체가 받은 기호에 의하여 우리에게 도달하고, 육체는 사물의 심상을 '자기 습관을 따라' 사슬처럼 잇는다. 헤게모니적 담론은 감시에 대해 공격, 불안, 부상, 죽음의 심상을 곧바로 보내버리는 공통된 습관을 만들어내고자 시도한다. 이와 다른 심상의 연결고리들을 제도화하기 위해 정면으로 맞서는 반대 담론은 없다. 기존의 연결고리들을 '거시기의 심상'으로 향하게 하면서 새로운 습관을 창조하고자 애를 쓰는 익살스러운 저널리스트는 예외다.

생생하게 표상할 것, 기호에 능력을 부여할 것

마찬가지로 지식인들의 원칙을—하지만 그들은 사전에 잃어버린 원칙을—상기시키는 것들 또한 예외다. '논리적 봉기'를 가능하게 하는 조건들을 창조한다는 것은 그 원칙들을 다시 실행시킨다는 것이다. 이것은 사회적 집단으로서의 그들의 지위를 위해서가 아니라, 정치적 육체를 위한 한 단계 더 높은 권력의 전망으로서 그 자체로 선^善이며, 지적인 성향을 보편화될 하나의 고유한 속성으로 지목하는 것이다.[135] 그런데 이 가능성의 조건은 지적인 표상의 질서의 조건이다. 지적인 표상은 관념을 떠오르게 하는 기호에 풍부한 심상들을 연결하는 역량 안에 있다. 그렇게 지적인 생생한 표상을 지닌 사람은 그의 육체가 그를 변용하기에 충분할 만큼 강렬한 심상들을 풍부하게 상기시킨다. 그리하여 마치 그 심상들에 대응하는 사물이 실제로 현존하는 것만 같이 느껴진다. 이는 단순하게 기호—음소나 문자소—로부터 출발한다. 내가 '위급 상황'이나 '감시법'이라고 쓰인 글자들을 읽으면 곧바로 전자 기기들의 침입에 관한 심상들, 혹은 긴 파이프의 저쪽 끝에서 내 생활을 읽고 바라보는 경찰의 심상들이 내 안에 떠오른다. 이런 심상들은 너무나 생생해서 마치 그 모든 것이 바로 내 눈 아래 있는 것만 같다. 그렇다, 그것은 단지 말일 뿐이

---

135 이 보편화를 구체적으로 만드는 데 적절한 사회적 조건들의 경기장에는 아무런 말
도 하지 않고서.

다. 문자 그대로 말하자면—내가 심상들을 지니고 있기에—나는 본다. 그리고 그 결과로 나는 내 육체를 통해 그 말들에 대응하는 것을 살아간다. '한 고등학생에게 경찰이 폭력을 가하다'라고 누군가 말하는 소리를 들으면, 나는 지적인 표상의 효과에 의해 마치 그 고등학생이 바로 내 앞에서 두들겨 맞는 것만 같은 것이다.

몰이해의 구렁들이 심상을 지니고 있는 사람들과 그렇지 않은 사람들을 갈라놓는다. 심상을 지닌 사람들의 눈앞에는 완전한 장면들이 살아 움직이지만, 그렇지 않은 사람들은 그저 귀로 음소를 들을 뿐, 그것을 어떠한 것에도, 생동하는 어떠한 것에도 연결할 수 없어서,[136] 변용하는 권력이 없는 추상적인 심상에 머물 뿐이다. 그들이 생동하는 심상을 가진 사람들이 하는 모든 선동을 파악한다는 건 절대 불가능하다. 일반화되기만 하면 지적인 표상은 정치적 무기가 된다. 그것은 능력 있는 자들의 비열한 언행들에 대한 유일한 해독제다. 말이 지식으로 이끄는 것을 지식은 감수성으로, 즉 육체로 이끌고, 육체는 그렇게 변용된다. 비열한 언행에 대한 이야기가 비열한 언행 그 자체처럼 경험되는 것이다. 누군가가 다른 사람이 겪는 남용된 해직, 도덕적 추행, 자의적 체포, 편파적 판단에 관해 듣게 되면, 마치 그것이 자신의

---

136   아주 엄격히 말하자면, 한 단어를 소유한다는 것은 필연적으로 그 연결고리들로 구성된다는 것이다.

213

일인 것만 같게 된다. 지적인 표상은 공감의 효력을 늘린다. 공감은 자기 자신의 것이 아닌 조건의 경험, 특히 고통 속으로 들어가는 것을 가능하게 한다. 정서의 모방은 무엇보다도 유사성에 의한 친연성의 원칙을 따른다. 과거에 사람들은 경험을 공유한 사람이나, 개인적으로든 사회적으로든 자신과 가까운 사람의 정서를 모방하여 그 안으로 들어갔다. 그리고 이런 경험이 단지 기호에 의해서만 멀리 떨어진 곳까지 이른 경우라면 사람들은 거의 아무것도 모방하지 않았다. 예를 들어 중산층과 상류층 사람들은 노동자들의 해고에 대한 단순한 해명들에 완벽하게 무관심한 모습을 보였다. 너무 멀고, 너무 추상적이며, 충분히 모습이 그려지지 않았기 때문이다. 그들은 신자유주의적 학대가 무차별적으로 사회적 위계를 타고 올라오고, 그들을 감싸던 울타리마저 공격당함에 따라 확실하게 점점 덜 무관심한 모습을 보이고 있다. 그러므로 지적인 표상은 정치적 정서의 보충물이 이렇게 우연히 발생하기까지 기다려야 하는 필요를 없애주는 성향이다. 그것은 멀리 떨어져 있는 것도 생생하게 경험하도록 해준다. 지적인 표상은 검약하여, 말과 관념만으로 충분하고 거기에 이미 엔그램[137]이 된, 확장된 심상들을 부여하기 때문이다.

정치적 정서들의 전투로부터 주어진 모든 것들은 중재하는 심

137　신경세포에 새겨져 있는 기억을 말한다. 20세기 초부터 기억의 저장 방식에 대한 가설로만 제시되어왔다가 최근 뇌와 신경세포의 물리·화학적 반응에 대한 연구가 진

상들에 의해 변화된다. 어떤 이들의 결절점—인사부장의 찢어진 셔츠의 심상 같은, 하지만 그에 선행한 것이 전혀 없는 결절점— 에 대해 다른 이들은 결여된 심상들을 복원하고자 하는 노력으로 대응했다. 결여된 심상들을 사용할 수 있기만 하다면 말이다. 그렇지 않을 경우엔 그것들을 '재창조'할 보조적 수단을 찾아내야 했다. 지적인 표상은 이러한 노력들을 잉여적인 것으로 만든다. 진지하게 성립된 이야기 하나면 내부의 심상들이라는 풍부한 자산만으로도 결여된 심상들을 보기에 충분할 것이다. 지적인 표상은 변용하는 요소들을 많이 필요로 하지 않으면서 먼 거리에서도 정서들을 소통한다. 통합된 심상들에 의하여 이미 스스로 그것들을 자신의 특징적인 성향 안에 새겨놓았기 때문이다. 변용하는 요소들을 더 적게 필요로 하는 것은 기호들이 더 민감한 기질들과 만나기 때문이다. 고립된 비열한 언행들은 더 이상 정보인식만으로 알려지지 않는다. 다시 말해, 추상작용을 통해서만 알려지지는 않는다는 것이다. 그런 언행들은 생생하고 광범위하게 경험된다. 지적인 표상은 일반적 관념들을 많은 수의 생생한 심상들에 연결하는 이 능력 자체다. 그 능력으로 격분의 임계들, 권력의 남용으로 판단하는 게 바람직한 규범들은 상당히 낮춰진다. 이제 권력은 '논리적 봉기', 즉 도덕적 격분의 논리에 의한 봉

척되면서 그 기전이 입증되었다.(옮긴이)

기, 요컨대 지적인 봉기에 좌우되는 것이다. 그것은 발동의 임계점이 훨씬 더 낮은 검약한 봉기이기 때문이다.

인게니움의 새로운 주름

모든 성향이 그러하긴 하지만, 지적인 표상의 성향은 형성되어야 하는 것이다. 지식인들이 그들의 궤적과 특정한 사회적 세계로부터 받은 이 주름을 보편화하려면 어떻게 해야 할까? 여기에 바로 교육의 정치를 향한 질문이 있다. 교육의 정치란 스피노자적인 의미에서 변양의 정치다. 한정된 양태들에 관한 이론의 중심적인 가르침들 가운데 하나는 사실 양태가 변양 가능하다는 것이다. 그러한 까닭에, 사람들이 스피노자에게서 '인간 본성'의 개념을 재구성할 수 있다면, 그건 분명히 변함없는 본질이 아니라 기초적인 정념적 기제들로부터 펼쳐지는 가능성들의 무한한 전체 같은 것이다. 이 기초적인 정념적 기제들의 조합이 '인간'을 구현하는 것들의 역사적인 (개방된) 연속물을 전개한다.[138] 자기만의 독특한 기질을 지닌 각 사람은 '인간 본성'을 실현하도록 결정된 하나의 정확한 방식이다. 우리는 여기에서 『에티카』 1부 정리 25의 계와 유사한 반향을 들을 수 있다. '특수한 개개의 사물은

---

138 '인간 본성'에 관한 이 섬세한 물음과, 특히 어떤 특정한 정념적 기제들의 기초적 특성에 대해 더욱 완전하게 논의한 내용을 보려면 다음을 참조하라. 『임페리움』, 8장, 특히 2절 '인간 본성은 하나, 하지만 인간이 되는 방식은 수천 가지 Une nature humaine mais mille manières d'être homme', p. 243 이하.

[…] 그것에 의해 신의 속성들이 정확하고 결정된 방식으로 표현되는 양태들이다.' 인간 본성은 그 자체로서 근본적으로 저®결정되어 있으며, 그러하기에 가소성이 있다. 일반적으로 양태들은 변양 가능하다. 하지만 인간의 특별한 양태는 정말로 그러하다. 인간의 육체적 조직의 복합성이 우주의 다른 것들 중에서는 견줄 것이 없는 광폭의 변양가능성을 부여하기 때문이다.

  그럼에도 변양되는 두 가지 방식을 구분할 필요는 있다. 약한 변양 방식은 정서 그 자체에 있다. 『에티카』 3부 정의 3이 말하는 바에 따르면, 정서란 육체를 움직이게 하는 능력을 변이시키는 변용이다. 그리고 이 변이는 그 자체로 변양이긴 한데, 약한 의미에서의 변양이다. 변함이 없는 (기질에 대한) 변용가능성의 구조에 기입되기 때문이다. 강한 의미에서의 변양은 인게니움 자체를 건드리는 변양이다. 이는 정서에 의한 변양이 아니므로, 주어진 변용가능성들이 작동하도록 하는 변양이 아니라, 변용가능성 자체의 변양이다. 물론 강한 변양에서 출발하는 변용과 정서는 늘 있다. 그러나 그건 육체에 구조를 결정하는 흔적을 남기기에 충분할 만큼, 다시 말해 인게니움에 새로운 주름을 추가하기에 충분할 만큼 강렬한 변용이다. 그러니까 다시 상기해보자면, 인게니움이란 단지 경험의 흐름에 따라 육체에 새겨지는 흔적들을 요약한 것에 불과하다. 요컨대 인게니움은 다른 것이 아니라 흔적이 남겨진 육체다. 그것은 새로운 흔적이거나, 스피노자의 용어로

부르는 걸 허용한다면, 새로운 주름이며, 하여간 새로운 변용가 능성이다. 그리고 양태는—강한 의미에서—변양된다. 문자 그대로 말하자면, 양태는 새로운 방식으로 반응한다. 이를테면 양태는 그것을 무관심한 채로 두었던 것을 감각할 수 있게 되었거나, 그것을 다르게 변용했던 사물을 다르게 감각할 수 있게 된 것이다.

그러므로 지적인 표상은 인게니움의 새로운 주름이다. 인게니움의 구조 안에 들어가게 하는 새로운 주름이다. 지적인 표상이란 것이 사물을 재현하는 기호에 심상을 연결하는 역량이라면, 무엇보다 기호는 그 자체로 심상이지만 어떤 특정한 유형의 심상, 즉 이를테면 심상-기호이고, 아주 일반적으로 말해서, 이런 연결 짓는 습관은 오직 반복되고 확장된 초보적 관계 맺기를 발휘해야만 든다. 심상화된 변용들의 흔적이 육체에 지속적으로 새겨지고, 육체가 상상적-연관적 기억을 전개하기 위해서는 반복이 필요하다. 또한 연결된 사물의 전체가 가능한 한 멀리까지 펼쳐지기 위해서, 그리하여 기호가 출현할 때 사람들이 생생하고 광대하게 볼 수 있도록 하기 위해서는 확장이 필요하다. 아마도 지적인 표상 전개의 전형은 독서일 것이다. 사람들이 독서가 '몽상'에 좋다고 하는 데는 이유가 없지 않다. 그리고 이 독서의 몽상이 서로 간에 연결된, 그리고 언어에 연결된 심상들의 전개가 아니라면 무엇이겠는가? 또한 심상-어휘로부터 당겨진 심상들의 연쇄가 아니라면 무엇이겠는가?

주름(흔적)을 만드는 반복이 일어나기 위해서는, 다시금 기초적 심상들이 제시되고, 또 제시된 심상들이 연결되기 위해서는 다 같이 제시되어야 한다. 그러나 한 사회 안에서 심상들의 시현을 통제하는 것은 누구일까? 바로 미디어다. 미디어에 대해 우리는 미디어가 재현하는 것을 알고 있는데, 거기에는 두 가지 의미가 있다. 예를 들어, 조지 오웰의 심상으로 소비의 현실적 보완물을 보여주고자 시도하는 어떤 틈새들을 위해, 결합된 시현은 소비의 대상들과 그것들이 산출되는 조건들의 어떤 부분을 받아서 관계 맺기를 하는 걸까? 볼 수 있도록 그들에게 주어진 심상들은 어느 정도의 범위 안에서 개인들이 서로 밀접하게 연합하도록 결정짓는 것일까? 그리고 상업적 재화들을 멋지게 보여준다면, 사람들은 상업적 재화들을 만들어내는 고된 생활을 어디까지 탐험하게 될까? 소비자가, 그것도 오직 소비자만, 단지 상징적으로 존재하도록 만들려는 헤게모니의 전략들을 겪지 않는 사람이 누가 있을까? 하지만 개인들은 서로 해리되지 않는다. 생산활동을 하는 일곱 시간 동안 자기들 중에 있는 임금노동자를 (직접) 알고 있다면, 다시 소비자가 되었을 때라고 해서 순식간에 그를 잊어버리겠는가? 그러므로 이런 문제에서 지적인 표상의 주름 형성은 유력한 한 가지 질서의 구조에 맡겨져 있다. 이런 질서의 관심은 오히려, 연합되어야 할 것을 분리된 채로 유지하는 데서는—성립되어야 할—특정한 관계들이나 특정한 연합들이 절대 성립되지 못한다는 사실에 모두 쏠려 있다.

더욱 강한 이유에서, 이 주름의 실천-유형으로서 읽기로 돌아가보자면, 지적인 표상이라는 것이, 개인들과 사회 안에서 그것이 전개되는 정도가, 실제로는 정치적 육체 전체의 능력의 정도를 나타내는 지표가 아니겠는가? 많든 적든 서로 다른 사물들을 다 같이 연결할 수 있는 개인들이 많든지 적든지, 그건 정치적 육체가 할 수 있는 것들의 현재 실행 중인 실증이다. 내재성의 철학 안에 또 다른 실증은 없다. 이런 육체를 형성하는 대중이 스스로 자기-변용하는 방식에 따라 뒤이어진 결과는, 그것을 구성하는 개인들은 이러저러한 정도로 지적인 표상의 주름을 만들었다는 것이며, 그들의 정신은 이러저러한 정도로 '한 번에 더 많은 사물을 지각하는 소질'(『에티카』 2부 정리 13 주석)을 전개했다는 것이다.

모든 육체와 마찬가지로, 정치적 육체는 엄밀하게 오직 자신이 할 수 있는 것만을 한다. 그리고 정치적 육체가 한 것에서 사람들은 더도 말고 덜도 말고 그 육체가 할 수 있던 것이 무엇인지를 알게 된다. 만약 오랜 기간에 걸쳐 정치적 육체의 자기-변용들이 자신의 사지에 지적인 표상의 주름을 새겼다면, 사람들은 권력이 스스로에게 허락하는 것과 권력이 더 이상 스스로에게 허락하지 못하는 것에서 그것을 알게 된다. 지적인 표상이란, 사물의 연계에 대한 보다 명확하고 생생한 지각에 의해서, 그리고 원칙적인 보다 강렬한 격분에 의해서, 참을 수 없는 것에 대한 정서적 임계를 낮추면서, 분노로 미쳐버린 대중이 들고일어나려면 극단적 권력 남용이 벌어져야 한다는 것을 회피하려는 성향 그 자체다. 이렇게 대중이 들고일어나기 위한—권력의 극단적 악행, 그에 따른 극단적 분노 같은—조건들 자체가 그것을 폭력과 반¹폭력의 통제 불가능한 분출에 이르도록 운명 짓지는 않을 것이다. 지적인 표상은, 정념적 굴종의 체제로부터 빠져나오려 작정할 수는 없다 해도, 기호들에 대한 감수성으로서, 기호들 안에 접혀 있는 사물의 강력하게 심상화된 지각으로서, 이성의 인도를 받아 삶의 방향으로 내딛는 하나의 발자국이다. 그것은 냉정한 격분을 보장한다. 냉정한 격분이 때 이르게 촉발된다면, 권력을 견제하기에도 적합하고, 권력을 남용하고자 하는 욕망을 바닥에서부터 진지하게 재검토하도록 만들기에도 적합하기 때문이다. 만약 스피노자가 말하듯이 사람들의 삶이 평화와 자유 말고 또 다른 최종 목적을 가지고 있지 않다면, 지적인 표상의 발전은 그 목적을 위한 가장 덜 나쁜 담보물이지 않을까?

발문: 이해, 설명, 변호

시국을 위해 글을 쓰지 않을 수는 있지만, 글을 쓸 땐 늘 현재의 시국 안에서 쓰게 된다. 그리고 시국은 때로 그것을 넘어서는 기회를 제공하기도 한다. 프랑스에 테러리스트의 공격이 몰아치고 난 뒤 몇 개월이 지나 그런 현상이 어떻게 일어나게 되었는지 이해하려는 분석들이 넘쳐나자 어떤 총리는 이 논쟁에 개입하는 것이 좋겠다고 생각하고는, 이해하기 위한 시도는 곧 '변호하기 시작하는 것'이라고 공언했다. 사람들은 이미 경멸적으로 국가를 언명하는 여러 단계의 수식어들을 알고 있었다. 깡패 국가, 마피아 국가, 파산 국가, 경찰국가 등등. 이 일련의 표현들에 추가할 만한 새로운 표현이 하나 더 있으니, 바로 백치 국가다. 지적 장애 상태에 빠진 국가를 가리키는 것이다.

　반어적 논평들이 이해를 거부하는 자세를 다른 계열의 골칫거리들로 옮겨놓는 일을 맡았다. 예를 들어 기후변화라든가 암이나 실업 같은 문제들에 맞서 싸우는 게 관건이 될 때는 절대 이해하지 못하겠다는 그런 자세가 큰 성공을 거두게 되어 있다.

이해와 판단이 근본적으로 이질적인 지성의 두 가지 활동이라면, 그건 지적 장애 상태의 국가가 이해할 수 없는 것이다. (그렇게 해서 이런 국가는 우리에게 판단할 소재를 제공한다.) 가장 많이 알려져 있고 가장 빈번하게 인용되는 스피노자의 문장은 그럼에도 일종의 방법론적 광고로서 『정치 논고』에 소용이 된다. '나는 사람들의 행동을 비웃지 않으려고 애를 썼고, 그들을 개탄하지 않으려고 애를 썼으며, 그들을 저주하기보다는 다만 이해하고자 애를 썼다.'[139] 그러므로 백치 국가에서 생각하는 것과는 반대로, 이해한다는 것은 정확히 판단을 중지한다는 것이다.

도덕적 판단은 그러하다. 하지만 사법적 판단은 어떠한가? 사법적 판단을 무한정 중지한다는 것이 가능할까? 제시간에 맞추어 지상으로 다시 돌아와야 하지 않을까? 그리고 집합적 생활이 정의의 질서 없이, 그러니까 판단 없이, 그리고 형벌 없이 유지될 수 있을까? 아니, 그럴 수 없다. 하지만 스피노자의 구축 전체가 흔들리지는 않을까? 아니면 현실 세계에서 무언가를 만들어내는 순간에 공허의 타격을 입지는 않을까? 그건 사람들의 모든

---

139   『정치 논고』 I. 4.

행동을 사로잡는 스피노자의 근본적 결정론이 개인적 책임의 관념조차 파기하는 듯 보이기 때문이다. 설명/이해가 변호는 아니겠지만, 어쨌든 사법적 판단을 중단시키는 것이기는 하다.

우리가 이미 그 가치를 살펴보았던 '설명하다'와 '이해하다' 사이의 구분은 재빨리 옆으로 미루어두자. 둘 사이의 구분은 스피노자주의 안에서는 실재하지 않는다. 스피노자주의에는, 행위에 대한 정신의 주권적 명령 체제에서 비롯된 것이라든가, 특별한 활동―정신이 없는 사물에만 유보된, 이해하면서 설명하지 않는 것―을 호출하여 그에 대한 진상을 밝힐 만한 것은 전혀 없다. 이런 의미에서, (행동의) '동기'나 '행동할 이유'라는 개념들은 스피노자주의에 완전히 낯선 것들이다. 스피노자주의에는 '동기'의 자리에 오직 동인―운동을 결정짓는 원인(행동한다는 것은 육체를 가지고 무언가를 한다는 것이기 때문에)―만이 있기 때문이다. 이해와 설명은 하나이며 동일한 것이다. 물론 인간의 정신에, 이를테면 가치라든가 의미의 형태로 존재하는 관념들을 부정하려는 것은 전혀 아니다. 관념들의 주권적인 심급들 아래, 정신이 육체에 대한 어떤 자유로운 권력을 가지고 있음을 부정하는 것이다. 하지만 이와 관련해서는 이미 말했던 모든 것에 『에티카』 3부 정리 2의 주석 전체를 덧붙여야 하겠다.

그럼에도 문제의 가장 중요한 부분은 다른 데 있다. 행위를 원인과 결과의 결정론적 연쇄로부터 산출되는 것으로 파악하는 것은 개인적인 책임의 모든 부분을 사실상 무화하는 것이기에, 이해-설명은 필연적으로 개인의 결백을 밝히는 것으로 인도되지 않을까? 우리의 형법은 이를 매우 잘 이해하고 있다. 우리 형법에서는 '자기 행위에 대한 식별이나 통제를 폐하는 육체적 곤경'[140]의 영향 아래 놓여 있었음이 확증되는 피고인에 대해서는 그 책임을 면해주기 때문이다. 그런 피고인은 왜 책임이 없는가? 그는 더 이상 하나의 주체가 아니기 때문이다. 그럼 그는 왜 더 이상 주체가 아닌가? 그를 그로서 구성한 자유로운 결정자의 역할 수행을 멈추었기 때문이다.

그래, 그렇다. 하지만 유한한 인간 양태에 대한 스피노자의 존재론은 바로 이런 예외로부터 규칙을 만들어낸다. 모두가 미친 것이 아니라 모두가 완전하게 결정되어 있다. 올덴부르크처럼 헌신적이고 블리엔베르그처럼 폐쇄적인, 스피노자의 서신 교환자들[141] 가운데 가장 훌륭한 이들은 그 어려운 문제에 바로 달려든다. 이런 철학이 우리 모두에 대해 '책임을 물을 수 없다'고 선언한다면, 개인의 미덕, 공중의 도덕, 사회의 질서가 여전히 가능할 수 있을까? 사람들은 정치적 육체의 존재 안에 있는 인내의 사상가인 스피노자가 이 문제를 보지 못했던 것인지 의심한다. 이

---

140   프랑스 신(新)형법, 112-1조.

141   17세기 철학자들은 소논문과 같은 서간을 주고받았으며 스피노자 역시 예외가 아니었다. 헨리 올덴부르크는 영국 왕립학술원 초대 사무총장이었으며, 빌럼 판 블리엔베르그는 네덜란드의 곡물 중개인이자 아마추어 신학자였다.(옮긴이)

에 대해 스피노자는 번쩍이는 세 줄의 문장을 통해 단도직입적으로 간단한 해결책을 내놓는다. 바로 이 문제를 재론한 올덴부르크에게 보낸 문장이다. '내가 모든 사물의 이 숙명적 필연성이 저속함에 의해 허용되었기를 바라지 않는 이유는, 미덕이 그것 때문에 해를 입지는 않을까, 또한 보상과 징벌이 모든 가치를 잃게 되지는 않을까 하는 나의 근심 때문이다. […] 실제로 이렇게 말하는 것은 모두에게 쉬운 일이다. 하느님, 당신의 능력은 피할 수 없는 것입니다. 그러니 나는 달리 행동하지 않았던 것에 대한 책임을 면해야 합니다.'[142] 사람들은 이보다 더 응축된 간결한 방식으로, 결정론에 관한 사유에서 비롯될 수밖에 없는 커다란 불안, 한 가지 인간 양태의 불가능성에 관한 공포를 말하지 못할 것이다. 스피노자는 이 문제를 교묘히 피해 가지 않는다. 그는 그 문제에 미리 구멍을 뚫고 그 용어들조차 자기 것으로 취하여 그 것들의 공허함이 드러나는 지점까지 가져간다. 변호한다는 것은 두려운 일인가? 그렇다. 결정론에 대한 이런 사유가 모든 것과 모든 사람을 변호한다는 것을 확고하게 인정하자. 그리고 그런 다음엔? 말이 인간이 아니라 말이라는 것은 변호될 수 없다. 말은 말이 되도록 결정되었다. 그러므로 우리는 말이 말이 되지 않을 선택권을 가지지 못하고 말이 된 것에 대해 말을 변호해주어

---

142   스피노자, 『정치 논고, 서한』, 서한 77.

야 한다. 원한다면 인정하겠지만, 관건은 말을 변호하는 것이 아니라 사람들을 변호하는 것이다. 여기서 스피노자는 자신의 자연주의의 마지막 귀결까지[143] 일관성을 유지한다. 그것은 다름이 아니라, 보편적 결정론에 대한 타협의 여지 없는 확언이다. 인간은 어떠한 존재론적 예외도 주장할 수 없으며(인간은 제국 속의 제국이 아니다), 매우 일반적으로, 원인과 결과의 연쇄가 우주의 다른 어떤 것에도 적용되듯이 인간에게도 적용된다는 것이다. 그러므로 이런 수준, 즉 존재들의 존재론적 위상에 관한 논의의 수준에선 어떠한 경우가 되었든, 인간과 말 사이엔 어떤 타당한 구분도 없다. 뒤이어 스피노자는 이렇게 말한다. '개에 물려 몹시 화가 난 사람은 참으로 변호되어야 한다……'[144] 그건 사실이다. 개에 물린 것에 대해 우리는 책임이 없다. 따라서 그 뒤에 따라오는 행위에 대해서도 마찬가지다. 바로 그 순간에 스피노자의 마지막 일격이 가해진다. '개에 물려 몹시 화가 난 사람은 참으로 변호되어야 한다. 그리고 그러함에도 사람에게는 그 개를 교살할 권리가 있다.'[145]

거의 한 마디씩 치밀하게 되짚어볼 필요가 있다. '개에 물려'

---

143   자연주의에 대한 이 문제에 대해서는 다음을 참조하라. 이브 시통과 프레데리크 로르동, 「한 장의 사진에 대하여」.

144   스피노자, 『정치 논고, 서한』, 서한 78.

145   같은 책. 강조 표시는 내가 한 것.

는 물론, 결정하는 외부 원인의 심상이다. 이는 그 본성이 어떠하든 매우 일반적으로 이해되어야만 하는 것이지, 단지 개에 관한 것으로만 이해되어서는 안 된다……. 사회적 공간의 어떤 지역에서 태어났다는 것, 그러한 어떤 정신적 외상이 있다거나 어떤 경험을 했다는 것, 그리고 화가 난 개에 물렸다는 것은 결국 모두 하나다. 결과를 결정지은 외부 원인들이라는 점에서 모두 같다는 것이다. 그다음엔 '사람에게는 그 개를 교살할 권리가 있다'라는 말이 온다. 여기서 '사람^{on}'[146]은 누구이며, '권리'는 무엇이고, '교살하다'는 무슨 뜻인가?

여기서 '사람'이란 어떤 한 사람이 아니라 집단이다. 즉 정치적 육체로 형성된 대중을 말한다. '권리'란 그러한 대중의 권리, 즉 스피노자가 『정치 논고』에서 대중에게 부여하고 있는 의미에서의 천부적 권리다. 다시 말하자면, 그 권리는 사법적 개념의 권리가 아니라, 코나투스가 정치적 영역으로 이전된 것이다. 그런데 코나투스는 ─ 정확하게…… ─ 인내의 모든 요건들을 (양태가 할 수 있는 한에서)[147] 정당한 권리로 인정하도록 명령하는 충동이다. 그것은 모든 육체에 대해 가치가 있으며, 다른 육체들과 마찬가

---

146 프랑스어의 인칭대명사 on은 문법적으로 3인칭 단수로 사용되지만, 말하고 있는 문제나 주제의 당사자인 '그 사람'을 지칭할 뿐 아니라, 상황에 따라서는 일반 사람들이나 대화에 참여하고 있는 '우리'를 의미하기도 한다.(옮긴이)

147 『에티카』 3부 정리 6은 코나투스에 대한 명제를 이렇게 시작하고 있다. '각각의 사물은 자신의 능력이 미치는 한……'.(강조 표시는 내가 한 것)

지로 실존 속에 자신을 존속시키는 쟁점들에 직면해 있는 정치적 육체에 대해서도 그만큼 가치가 있다. 그런데 이 육체의 생존력, 내면의 폭력은 하나의 문제다. 상호 간의 공격, 부정적인 정념적 상호 분립은 육체의 응집력 유지에 직접적인 위협이 된다. 더 간단하게 말하자면, 개인들이 '각자 제 방식대로'(『정치 논고』III, 3) 살기를 원한다는 것만이, 다시 말하자면 공통된 모든 규범에 대한 완전한 무지 속에 살기를 원한다는 것만이 유일한 사실이다. 그러므로 '사람'의 '권리'란 대중이 육체로서 계속 지속되기 위해서, 그래서 그것을 이해하는 대로 분립의 세력들에 저항하기 위해서 펼치는 노력이다. 그리고 이것은 개인들이 화가 난 개들에 물렸기 때문에 분립하기로 결정되었을 때에도 마찬가지다. 현실에서는 이 모든 것이 매우 단순했다. 개인들이 이처럼 결정되었다는 사실이 인내의 노력에 참여하는 그 집단을 어떻게 방해하여 그 개인들의 경향에 대립하지 못하도록 막을 것인지 우리는 절대 보지 못하기 때문이다. 결정된 원심분리적 술책들 앞에서 깜짝 놀라 마비된 상태로 머무르려면, 징계의 유일한 유효 동기로서 자유의지와 책임의 문법 안에 완전하게 사로잡히도록 스스로를 내버려두어야 한다. 그러한 술책들이 집단의 실존을 위협한다면, '사람'은 그 술책들을 중지시킨다. 그리고 그것으로 완전히 끝이다.

그럼에도 스피노자는 말한다. '사람은 그들을 교살한다.' 21세기에 읽기에는 좀 거친 표현이긴 하다. 하지만 우리는 적어도 스피노자가 자신이 살던 시대를 완전히 뛰어넘을 수 없었음을 보여주는 또 다른 경우를 알고 있다. 『정치 논고』에서 여성들에 관한 대목[148]은 재난적이기까지 하다. 시간적인 거리를 두고 텍스트를 읽는 기본적인 애덕이 있다면 스피노자가 말하는 교살을, 분명히 상당한 이론의 여지가 있는 요소로서가 아니라 당대에 알맞게 재조정이 필요한 것으로 여길 수밖에 없지 않겠는가? 결국 그 구절 전체는 그러한 변조 작업의 대상이 될 수 있다. '사람에게는 권리가 있다'라는 말로 시작하자면—권리에 대해 다시 한 번 이야기하자면, 권리에는 규범적 정당화에 관한 것은 아무것도 없으나, 전적으로 확실한 것은, 권리란 단순하게 '사람'의 능력을, 그러니까 그 집단의 능력을 지칭한다는 것이다. 그 집단이 자신의 존속에 적이 된다고 여기는 자에게 발휘하게 될 그런 능력 말이다. 이런 조건에서, 실제로 가장 먼저 제기되는 질문은, 행위자를 그 집단에 적극적인 위협이 되게끔 하는 것으로 판단되는 행

---

148 『정치 논고』 XI, 4. 이 부분은 분명히 오늘날 독자들이 읽기에는 무척이나 재난적인 인상을 줄 것이 분명하다. 이를 소명하기 위해 알렉상드르 마트롱이 관습적인 기교로써 텍스트를 세밀하게 재해석하는 기획에 투신한 바 있다. 알렉상드르 마트롱, 「스피노자의 민주주의 안에서의 여성과 하인Femmes et serviteurs dans la démocratie spinoziste」 (1977), 『스피노자와 고전시대 철학 연구』. 이 부분에 합리적인 것이라곤 아무것도 없다고 인정되는 추론에 따라, 나는 이 분야에서 한 번이라도 스피노자를 따를 마음이 전혀 없었음을 시인해야겠다. 내가 보기에, 삶과 사유를 밝혀주는 위대한 철학자 역시 쉽게 과오를 범할 수 있었음을 발견하는 데는 늘 어떤 해방감이 있는 것 같았다. 그런데 우리는 그런 철학자에게 실수들을 허락함으로써 그를 더욱 좋아하게 될 뿐인 것도 같다.

위에 관한 질문 자체가 아닐까? 결국에 『신학—정치 논고』 전체가 이 질문에 할애되었다. 이 논고는 적어도 사유와 의견에 관련해서 국가는 국민을 위해 가장 큰 자유를 고양하는 데 장점만을 지니고 있다고 주장한다. 따라서 사유와 의견은 어떠한 경우에도 국가의 존속에 위해가 되는 것들을 위해 지지될 수 없다. 사람들은 이것이 단지 지나친 주장일 뿐이라는 걸 알고 있다. 모든 국가가 그러한 것은 아니기 때문이다. 하지만 그럼에도 국가는 그러해야 할 것이다. 전적인 규범성과 관계를 끊어야 한다고 선언되었을 때 '그렇게 존재해야 함'이란 일관성 없는 회귀일까? 이 질문은 스피노자가 확정적으로 이 영역을 떠났다고 생각한 사람들에게만 제기된다. 하지만 스피노자는 그러지 않았다는 게 확실하다. 그럼에도 스피노자의 규범성이 내재적이라는 사실만은 예외다. 코나투스의 규범성은 더 많은 능력을 향한다. 그리고 코나투스의 가장 진정한 '가장 많은 능력'은 활동적인 정서들, 적합한 인과성, 이성의 인도를 받는 삶의 능력이다. 물론 스피노자가 우리에게 말하는 것은 하나의 점근선이다. 우리는 절대 완전히 도달할 수는 없으나 다가갈 수는 있다. 그러므로 삶의 모든 형태들이 그의 눈에 모두 가치 있는 것은 아니다. 국민들이 '짐승처럼 인도되어 오직 노예 상태만을 습득하게 되는' 국가에 사는 것이나, 국민들이 '무엇보다도 이성에 의해 [⋯] 정의되는 인간적인 삶과, 영혼의 진실된 덕, 그리고 자기의 참된 삶'[149]에 접근할 가능성을 지니고 있는 국가에 사는 것은 서로 대등하지 않다. 가능한 한 멀리까지 사유와 의견의 행사 범위를 넓히는 국가만이 그 국민에게 '더 많은 능력'을 향해 다가갈, 그리하여 스스로를 더욱 능력 있는 하나의 (집합적) 육체로 구성할 가능성을 제공한다.

그러므로 국가는 자유를 고양하는 방식으로 자신이 얼마나 능력 있는지를 드러낸다. 그리고 대칭적으로 국가는 자신의 생존력 자체를 침해한다고 판단되는 행위들의 장을 열광적으로 확장함으로써 자신이 약하다는 것을 드러낸다. 어리석은 국가는 스스로가 그러하다는 것을 혼란스레 알고 있으며, 자신이 두려워하는 것을 더욱더 금지함으로써 그것을 두려워한다는 사실을 고백하고 그것이 새어 나가도록 내버려둔다. 위급 상황을 이유로 시위를 막는 것이야말로 어리석은 국가의 전형이다. 마찬가지로, '사람에게는 권리가 있다'라고 할 때 그 권리가 하는 일이란 '사람'에 대해서 정확한 크기의 능력을 주는 것일 뿐이다. '교살'이란 말을 통해 권리가 뜻하는 바 역시 마찬가지다. 바로 거기에서, 그것이 변양의 관념을 어느 정도 포함하고 있는지가 은연중에 드러난다. 교살을 문자 그대로 취했을 때는 변양의 관념이 전혀 포함되어 있지 않다. 죽음의 형벌은 제거할 뿐, 변양하지 않기 때문이다. 그런데 인간이 하나의 변양 가능한 양태라면, '성^{rage}'이 나

---

149 『정치 논고』 V, 4-5.

게끔 변양될 수도 있어야 한다. 대상을 교살하는 것은 그 자신이 아니라 성이 난 그다. 그가 '성난' 것은 그 자체가 시간적으로 앞선 변양이며, 반대되는 변양은 바로 거기에 적용되어야 한다. 그러므로 우리는 '사람'이 무엇을 할 수 있는지를, 우선은 '성난' 자들을 언명하는 선별 수단에서, 그다음엔 그 성난 자들에 대해 유보해둔 처우 방식에서 알게 된다.

실제로 우리는 성난 자들이 있으며, 그것도 아주 많이 있다는 단순한 사실에서 이미 그것을 알고 있었다. 그건 백치 국가의 영역들에서 매우 높이 평가되는 조잡하고 반사회학적인 풍자만화가 제시하듯이, '벌을 받아 마땅한 것은 언제나 사회다'라는 의미는 아니다. 어쩌면 분노한 인게니움의 주름들이 형성되는 과정 속에 특이한 경험들의 결과가 있었을 수도 있다. 그럼에도 다른 면에서 동등한 모든 사물들, (그리고 특히 이 특이한 결정들), '사람'이 대중의 자기-변용의 항구적인 작업을 통해 받은 풍속과 제도는 개인들의 인게니움 형성에 참여하여 중요한 역할을 한다. 스피노자는 개인들의 미덕에 조화를 내맡기기 위해 열중해야 할, 집합적 삶의 유일한 보장으로서의 제도들의 성질에 대하여 끊임없이 역설한다. 실제로 『정치 논고』 전체가 바로 이에 대한 질문에 할애되어 있을 정도다. 결국 그러한 제도에 그러한 인게니움이라는 것이다. (물론 평균적으로는 그렇다. 다시 말해, 특이한 변이들을 헤아리지 않는다면 말이다.) '국민의 악덕만이 아니라, 그들의 과도한 방종과 반항 역시 도시의 책임으로 돌려야 한다. 반대로, 국민의 미덕과 그들의 항구적인 준법이 무엇보다도 도시의 미덕과 절대적 권리로 귀착되어야 하는 것과 마찬가지다.'(『정치 논고』 V, 3) 또한 분노한 사람들이 급증하는 것은 최우선적으로 국가가 국가 자신에 대하여 자문하는 동기가 되어야 할 것이다. 여기서 '국가'란 도시 전체다. 어떤 국가들은 그러한 착오들을 받아들여 분노한 자들을 형성하는 데 매우 직접적으로 기여한다. 마찬가지로, 예를 들면, 폭력 숭배를 유지하는 국가는 시민들이 무제한으로 혹은 무제한에 가깝게 스스로를 무장할 수 있게 허용한다. 그러고는 반복해서 일어나는 대량 학살에 놀란다. 여기에선 국가가 바로 사람을 문 그 개다! 다른 한편으로 그런 정치적 육체가 (죽이지 말 것을) 근본으로 선언한 법률들을 그 제도들이 위반할 준비를 할 정도라면, 그 정치적 육체는 대체 어느 정도까지 능력이 없어야 무너지지 않을까? 그건 마치 정치적 육체가 스스로의 패배를 위해 일하는 것과 같다.

적절하게 다시 읽어보면, 무는 개들, 물린 사람들, 그리고 사람에게 있는 그 개들을 교살할 권리는 결정론과 사법적 질서 사이에 놓인 거짓된 이율배반의 출구를 세 개의 선으로 표시해놓은 것이다. 존재하지 않는 문제 안에 스스로를 가두려면, 자유의지의 관념들 속에서 스스로 혼란을 겪으면서도, 정당화된 징계라는 문제에 대한 해답으로 주관적 책임만을 남겨두어야 할 것이다. 사람들은 행위에 대한 책임을 아주 잘 전가할 수 있으며, 사회에서 좋다고 판단할 결과들을 뽑아낼 수 있다. 그렇게 함으로써 그 사회는 자신이 능력을 전개하는 과정의 어디쯤에 있는지를 지시한다. 책임 전가의 견고한 기준을 제공하는 행위자성은 철학적으로 볼 때 책임보다 훨씬 더 검약해서 전체를 이해하고, 저주하지 않고, (사법적으로) 판단하게끔 지탱하는 것을 허용한다. 주체가 아니라 행위자에게 책임을 전가함으로써 판단할 것. 그리고 그렇게 하는 데 이익이 있으므로 이해할 것! 정치적 육체는 인간적 육체와의 유추를 통하여 자기 내부에서 실제로 일어나는 일을 알아차려야 할 것이다. 인간적 육체의 능력은 스스로 '자신과 신과 사물에 대해 의식'[150]하도록 하는 정신의 역량에 연동된다. 그러나 이해할 것, 근심과 믿음을 통해 군림할 것을 생각하면서 자기들의 국민을 향한 욕망은 전혀 지니고 있지 않은 권력자들이 있다. 그리고 그들은 굴종의 제도들을 고양한 덕분에, 그리고 거기에 스며든 덕분에 스스로를 향한 욕망을 더 많이 갖고 있지도 않다. 그러나 스피노자가 말하길, 이런 자들은 '웃음과 반감을 불러일으킨다'.

---

150   『에티카』 5부 정리 39 주석.

Aristote, *Rhétorique,* Paris, Flammarion, 2007.

Bourdieu, Pierre (dir.), *La Misère du monde,* Paris, Seuil, 1993.

_____, *Méditations pascaliennes,* Paris, Seuil, «Liber», 1997.

_____, *Interventions, 1961-2001. Science sociale et action politique,* textes choisis et présentés par Franck Poupeau et Thierry Discepolo, Marseille, Agone, «Contre-feux», 2002.

Bove, Laurent, «De la prudence des corps. Du physique au politique», introduction à Spinoza, *Traité politique,* Paris, Le Livre de Poche, «Les classiques de la philosophie», 2002.

Carles, Pierre, *La sociologie est un sport de combat,* C-P Productions-VF Films, 2007.

Citton, Yves, *L'Envers de la liberté. L'invention d'un imaginaire spinoziste dans la France des Lumières,* Paris, Éditions Amsterdam, 2006.

_____ et Lordon, Frédéric, «À propos d'une photo», in Yves Citton et Frédéric Lordon (dir.), *Spinoza et les sciences sociales. De la puissance de la multitude à l'économie des affects,* Paris, Éditions Amsterdam, 2008.

_____, *Pour une écologie de l'attention,* Paris, Seuil, «La couleur des idées», 2014.

Deleuze, Gilles, *Spinoza. Philosophie pratique,* Paris, Minuit, 1981.

Dobry, Michel, *Sociologie des crises politiques,* Paris, Presses de la Fondation nationale des sciences politiques, 1992.

Dupuy, Jean-Pierre, *Pour un catastrophisme éclairé. Quand l'impossible est certain,* Paris, Seuil, «La couleur des idées», 2004.

Elster, Jon, *Proverbes, maximes, émotions,* Paris, PUF, «Philosopher en sciences sociales», 2003.

Frank, Thomas, *Pourquoi les pauvres votent à droite* (2004), Marseille, Agone, «Contre-feux», 2008.

Hazan, Éric, *Une histoire de la Révolution française,* Paris, La Fabrique, 2012.

————, *La Dynamique de la révolte. Sur des insurrections passées et d'autres à venir,* Paris, La Fabrique, 2015.

Hmed, Choukri, «"Le peuple veut la chute du régime"», *Actes de la recherche en sciences sociales,* n° 211-212, 2016, p. 72-91.

Honneth, Axel, *La Lutte pour la reconnaissance* (1992), Paris, Cerf, 2000.

Jaquet, Chantal, *Les Transclasses ou la non-reproduction,* Paris, PUF, 2014.

Jullien, François, *Fonder la morale. Dialogue de Mencius avec un philosophe des Lumières,* Paris, Grasset, 1995.

Lordon, Frédéric, *Capitalisme, désir et servitude. Marx et Spinoza*, Paris, La Fabrique, 2010.

————, *La Société des aff ects. Pour un structuralisme des passions*, Paris, Seuil, «L'ordre philosophique», 2013.

————, *Imperium. Structures et affects des corps politiques,* Paris, La Fabrique, 2015.

Matheron, Alexandre, *Études sur Spinoza et les philosophies de l'âge classique*, Paris, ENS Éditions, 2011.

Orléan, André, *L'Empire de la valeur,* Paris, Seuil, «La couleur des idées», 2011.

Spinoza, *Court Traité,* trad. fr. Joël Ganault, in *Œuvres I,* Paris, PUF, «Épiméthée», 2009.

————, *Éthique,* trad. fr. Bernard Pautrat, Paris, Seuil, «Points», 1999.

_____, *Traité de la réforme de l'entendement,* trad. fr. Michelle Beyssade, in *Œuvres I,* Paris, PUF, «Épiméthée», 2009.

_____, *Traité politique,* trad. fr. Charles Ramond, in *Œuvres V,* Paris, PUF, «Épiméthée», 2005.

_____, *Traité politique, Lettres,* trad. fr. Charles Appuhn, Paris, Flammarion, 1966.

_____, *Traité théologico-politique,* trad. fr. Jacqueline Lagrée et Pierre-François Moreau, in *Œuvres III,* Paris, PUF, «Épiméthée», 1999.

정치적 정서

1판 1쇄 인쇄 2020년 1월 22일
1판 1쇄 발행 2020년 1월 29일

지은이 프레데리크 로르동
옮긴이 전경훈
펴낸이 채세진
디자인 이지선

펴낸곳 꿈꾼문고
등록 2017년 2월 24일 · 제2017-000049호
주소 04031 서울시 마포구 동교로 156-13, 4층 502호
전화 (02) 336-0237
팩스 (02) 336-0238
전자우편 kumkunbooks@naver.com
블로그 blog.naver.com/kumkunbooks 페이스북 /kumkunbks 트위터 @kumkunbooks

ISBN 979-11-90144-05-6 (03340)

이 도서의 국립중앙도서관 출판예정도서목록(CIP)은 서지정보유통지원시스템 홈페이지(http://seoji.nl.go.kr)와
국가자료공동목록시스템(http://www.nl.go.kr/kolisnet)에서 이용하실 수 있습니다.(CIP제어번호 : CIP2020000628)